JN202538

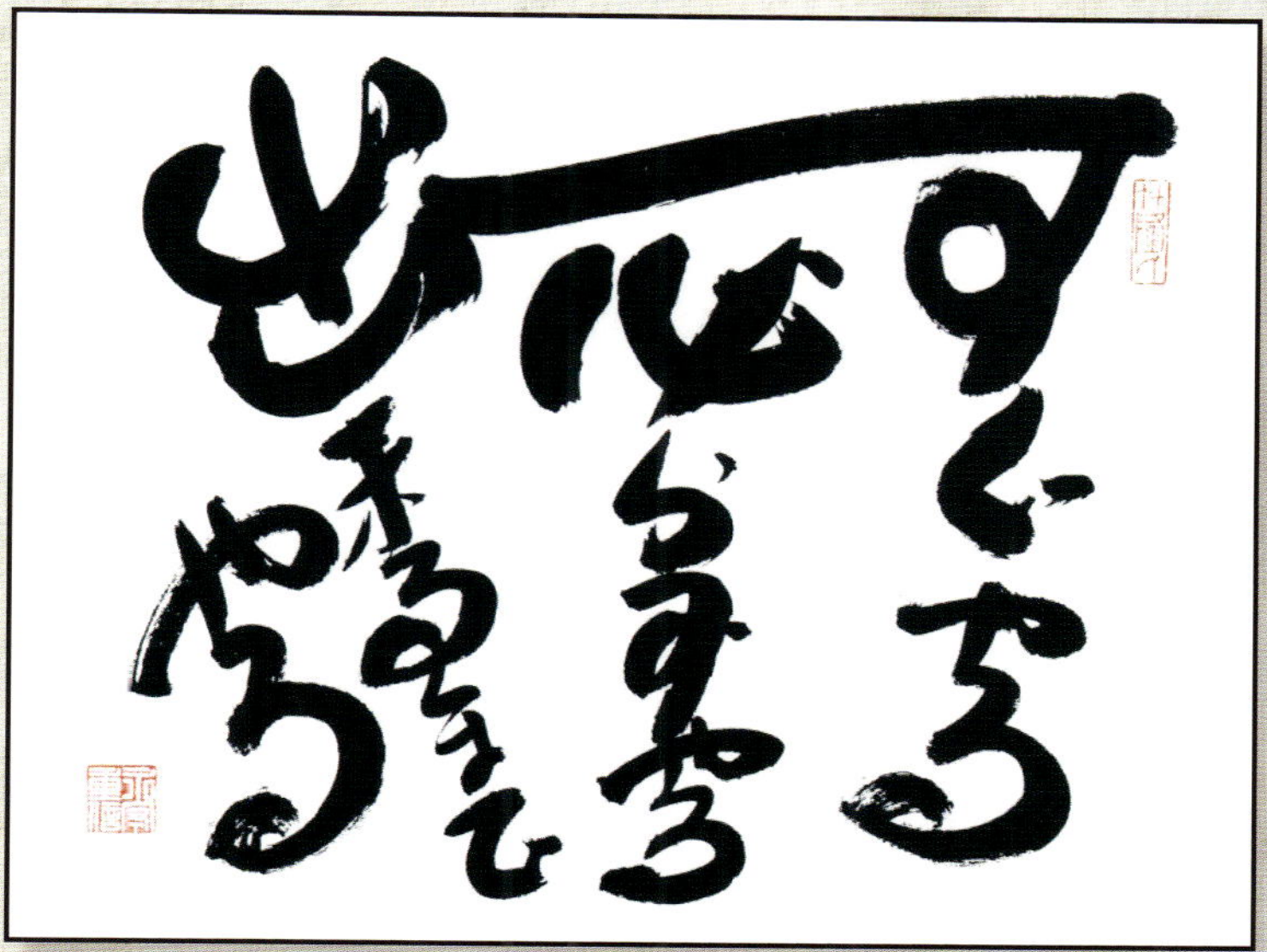

（著者筆）

1回でダメなら、20回続けよ

「物事を実現するか否かは、まずそれをやろうとした人が〝できる〟と信じることからはじまる。自ら〝できる〟と信じたときにその仕事の半分は終了している」。わたしはこの自らの言葉を信じて、一歩でも前進したい。

（本文37Pより一部抜粋）

1973年創業当時のプレハブ小屋の前で（写真左下が著者）

夢やロマンを持つことは「未来を買うこと」

28歳で創業。仕事もとれないし、用意した資金もすぐに底をついてしまった。それでも、われわれ4人は夢、そしてロマンを失わなかった。日本電産を日本一、いや世界一の会社にしてやるんだと……。

（本文235Pより一部抜粋）

プレハブ小屋で始まった小さな会社が、年間売上1兆5千億円（2018年度）を超え、さらに自律成長やM&Aで10兆円を目指す。

現在の本社ビルの1階には、創業時に働いていたプレハブ小屋を移設・展示してある。

一流、一番をめざすから、人はついてくる

わたしは物心がついたときから、「一番以外はビリだ」と考えていた。この姿勢は、企業経営においても貫き通している。そのためには、わたしはあらゆる努力を惜しまないし、とことん謙虚にもなれる。こうした信念がなければ、人は動いてくれないし、また動かしてもいけないと思う。

（本文18〜19Pより一部抜粋）

（著者筆）

リーダーの敵は、妥協である

勝負に勝つためには、まず自分との勝負に勝たねばならない。その情熱、熱意、執念は必ず部下に通じる。これこそが真の教育であり、人を動かす最大の要素でもあるのだ。

（本文187Pより一部抜粋）

人を動かす人になれ！

永守重信

三笠書房

はじめに
どんな状況にあっても、〝この一言〟がいえるか

会社の経営はバランスシート、すなわち借方と貸方のバランスで成り立っている。常にこの数字のプラスマイナスはゼロ。どちらかが大きかったり、小さかったりすることはない。わたしは、高校時代に近所の小中学生を集めて塾を開き、これでかなりお金を貯め、それを資金にして株式に投資をした。この結果、学生時代からバランスシートも読めるようになったが、会社経営をはじめてから、これがたいそう役に立った。

単に経営の数字がわかるというだけではなく、世の中も、会社も、そして人も二つのバランスで動いているという事実に気づいたことであった。

勝ちと負け、成功と失敗、苦と楽、温情と冷酷、褒めることと叱ること……、季節に夏と冬があり、一日のなかに昼と夜があるように、こうした微妙なバランスのうえに人間社会は成立している。特に、人を動かしていく場合には、このバランス感覚が非常に重要となる。

つまり、収支をゼロにすることを忘れてしまうと、途端に人は動かなくなってしまう。

たとえば、苦と楽であれば、いまはこれだけ苦労をかけるが、将来これだけ楽になる、あるいは喜びがあるということを明示し、この約束を果たさなければ人は動いてはくれないということである。

温情と冷酷も、褒めることと叱ることも理屈は同じだ。

そのイメージとして、これまでわたしは社員や部下の一人一人に対して、心のなかで貯金通帳を発行してきた。仮に一回叱ると一ポイントプラス、一回強く叱ると二ポイントプラスする。次にフォローとして褒めちぎりのラブレターを書いて、このプラス三ポイントを帳消しにしていくといった具合だ。

本物の貯金通帳がプラスになるのはうれしいことだが、人を動かす貯金通帳は、黒字になりすぎても、赤字になりすぎても、結果としては失敗なのである。常に帳尻を合わせておくようにしなければ、社員や部下の動きはどんどん鈍っていくことになる。

もう一つ、経営者や管理者が心得ておかなくてはならない大事なことは、どんな状況にあっても「アイ・アム・ファイン！」といえるかどうかだ。

これは、創業間もないころに出張先のアメリカで、体調を崩して病院に運ばれたときのエピソードである。現地のドクターから「調子はどうだ」と聞かれて、わたしは全身にじんま疹を出しながら、力のない声で「ノット・ファイン」と答えた。すると、そのドクターから「あなたはどんな仕事をしているのか」と再度質問があった。「小さな会社を経営している」とわたしが応じると、「経営者がそんな弱気では会社は危ない。いつも『ファイン』と答えなさい」とアドバイスを受けた。

そして、そのドクターのいう通り「ファイン、ファイン」と口のなかで繰り返していると、不思議なことに力がわいてきた。「病《やまい》は気から」とはよくいったものである。

これは人を動かすときにもそっくり当てはまる。人を動かす立場にある人間が、たとえわずかでも後ろ向きの考え方をしたり、消極的な態度や姿勢を見せたとき、下の者はそれを敏感に感じ取り、動かなくなってしまうのである。

わが社も、わが社の社員も、そしてわたし自身もまだまだ発展途上である。将来はすばらしい可能性で満ち満ちている。そうした可能性に対して、わたしはこれまで通り粛々《しゅくしゅく》とチャレンジしていこうと思う。ただ決して全力投球ではなく、多少なりとも余裕を残しつつ……。

永守　重信

◎目次

序章 「一番以外はビリと同じ」と考えろ！

1章 「人を動かすのがうまい人」のこのやり方

2章 指示の出し方――何をどう話すか

3章 叱り方、褒め方①——人を動かすこのノウハウ

4章 可能性を秘めた人間を見抜く、育てる

5章 女性、中途採用――相手によって手法を変えろ！

6章 叱り方、褒め方②――〝部下〟を動かすこのルール

7章 理屈で人は動かない！　だから——

8章 リーダーの敵は、妥協である

9章 組織を動かす人が絶対知らなければならない「考え方」

10章

一回でダメなら、二〇回続けよ

序章

「一番以外はビリと同じ」と考えろ！

1

一流、一番をめざすから、人はついてくる

わたしは物心がついたときから、「一番以外はビリだ」と考えていた。学校の成績にしても喧嘩にしても人に負けるのが絶対にイヤだった。小学校時代は、いくら頑張ってもいい成績をつけてくれなかった相性の悪い先生がいたので首席ではなかったが、中学校はずっと首席で通した。遊びでも新撰組なら近藤勇以外に興味はなかったし、野球をするならエースで四番バッター、しかも監督をしなければ気が済まない。銭湯に行けば、履物は必ず一番の札の下駄箱に入れる。もし一番の札の下駄箱が空いていなければ、一番の下駄箱の上の棚に置いた。そこまで徹底して一番にこだわった。

それに関してはこんなエピソードもある。

わたしは高校に入学するとすぐに塾の経営をはじめた。といっても、自宅の六畳の部屋を改造し、机も自分でつくり、ガリ版でビラを刷って近所の小中学生に配ったところ意外に生徒が集まった。ピーク時には六〇名以上の生徒を教え、中学生相手にいっぱしの進路指導も

行っていたが、そのときもこんな調子で指導した。

「君はどこの高校に入りたいんだ」と聞くと、たいていの生徒は「目標は、公立の○○高校です」と答える。わたしは即座に「そんな高校に無理して入っても、どうせビリになるだけだ。もう少しレベルを落として××高校へ行け。そうしたら絶対一番になれる」と勧めた。生徒のなかには、この勧め通りにして自信をつけ、現在いいコースを歩んでいる者もいる。

つまり、自分だけが一番になればよいというのではなく、身近な人間にもわたしなりに考えた一番のなり方を指導した。高校時代は塾の経営に力を入れすぎて、トップの座からすべり落ちてしまったが、職業訓練大学校（現職業能力開発総合大学校）に入学してからは必死になって勉強した。そのおかげで、大学校はじまって以来という優秀な成績で卒業したが、いまだにこの記録は破られていない。

この「一番以外はビリだ」という姿勢は、企業経営においても貫き通している。製品については世界一の品質と精度でなければならないし、市場のシェアでも決して二位、三位に甘んじるようではいけない。セールス力、マーケティング力においても同業他社に後れをとってはならないと考えている。もちろん、人材についても一流、一番をめざしている。

そのためには、わたしはあらゆる努力を惜しまないし、とことん謙虚にもなれる。こうした信念がなければ、人は動いてくれないし、また動かしてもいけないと思う。

2

能力の差は五倍でも、意識の差は一〇〇倍まで広がる

東京に出張したときのことだ。昼前から取引先との打ち合わせがはじまり、それが終わると時計は午後二時を少し回っていた。取引先の担当者から「この時間になるとランチタイムが終わり、ほとんどの店が閉まっているのでご馳走はできませんが、近くにとても繁盛しているラーメン屋があるので、ご一緒しませんか」と誘われた。わたしは、どんな美味しいラーメンを食べさせてもらえるのかという期待に胸を膨らませて、ワクワクしながら、その話題の店に向かった。

外観はごく普通のラーメン屋だった。われわれが店の前に立った途端、なかにいた若い店員が入口まで走ってきてドアを開け、「いらっしゃいませ」と大きな声であいさつをして、「どうぞ、奥のテーブルが空いています。ご案内します」と席まで誘導してくれるのだ。念のために断わっておくが、この店はレストランではない。三〇席ほどのカウンターとテーブル七、八台のどこにでもあるようなラーメン屋だ。午後二時を回っているのに店のなかはほ

ぼ満席。お昼前後と夕方以降は店の外に長い行列ができるらしい。

席に着いてラーメンを注文すると、その店員は大声で調理場にオーダーを伝えてから、人なつっこい顔で、「お客さんは関西から来られたのですか」などとわたしに話しかけてくる。われわれと話をしている最中も、チラッと入口の方に気を配り、客が店の前に立つと飛んでいく。しばらくしてラーメンが運ばれてくる。思った通りごく普通のラーメンで、味で繁盛している店ではなかった。

このエピソードに当てはめると、個人の能力の差なんて五倍も違わない。他店と同程度の料金で五倍の美味しいラーメンをつくったり、五分の一のスピードでお客にラーメンを出すのはまず不可能だ。だが、店員の意識を変えることによって、お客の気分を一〇〇倍よくするのはそれほどむずかしいことではない。この店が繁盛しているのは、ズバリ店員の意識の高さ、すなわち経営者の意識の高さである。恐らく、このラーメン屋の経営者はラーメンの味にこだわる以上に店員の意識改革にこだわっているのだと思う。わたしの人材に対する考え方もこれとまったく同じ。能力の高い人を採用するというよりも人並みの能力の人材を採用して、彼らの意識を高めることに全力を傾注する。わが社が創業二五年で、売上高二六〇〇億円の企業グループに成長した要因はここにある。人を動かし、ビジネスに成功する原理原則がこのなかに凝縮されている。(編集部注:二〇一八年度連結売上高一兆五一八三億円)

3 相手が苦しみ、悩んだときこそ、リーダーシップを発揮しろ！

これまでの日本の社会、そして会社を構成する人たちは偏差値、すなわちＩＱ値（知能指数）の高い人材を重宝し、登用してきた。それは、ＩＱの高さがイコール尊敬につながり、これで人を動かせるというイメージが定着していたからである。いまでも一部にそうした考え方が根強く残っているところもある。とくに権威を重んじる分野ほど、そういった傾向が強い。

しかし、一般の企業では経済環境の激変や大改革、経営そのものの複雑化によって、こうした従来のイメージが根底から崩れつつある。たとえば、以前の工場の主役は機械や設備だといわれたが、これからは働く人を主役にしなければ工場として通用しなくなる。また、かつては商品そのものの性能や機能ばかりが重視されたが、今後は総合的なサービス、安全性や安心感、話題性や価格などが購買を左右する大きなポイントとなってくる。

これと同じように、企業が求める人材も「知能」だけの優秀さから、人間としての総合的な「感性の豊かさ」を重視する方向へと転換させていく必要がある。なぜなら、感性豊かな人材でなければ、リーダーシップを発揮することができないからだ。つまり、ＩＱだけでは人を動かせないということである。

では感性の豊かさとは何か。これを一言でいえば、行動や言葉によって相手を感動させたり、感激させることである。相手を感動させたり感激させたりするには、まず自分自身がそれをたくさん経験しておく必要がある。人間の感情表現の手段である喜怒哀楽は、これを経験した人だけにしかわからない。大きな喜びを味わったことのない人に、他人の喜びの大きさを理解しろといっても無理だし、苦労したことのない人間に相手の苦労をわかってやれというのは無茶な話だ。

相手と喜怒哀楽を共有することで共感や共鳴を呼ぶ、あるいは部下が苦しんでいたり、悩んでいるときには、それを深く読み取り、進んで救いの手を差し伸べる。ＯＡ化やＦＡ化が進展すればするほど、こうした人間的な面がより強く求められるようになる。ＩＱ値は持って生まれたものが大部分を占めるが、ＥＱ値（感性指数）は自分の努力によって高めることが可能である。わたしはわが社の技術者には、「たまには小説を読んだり、美術館にも足を運べ」とか「技術バカにはなるなよ」とよくいう。これは近い将来、メカよりも人間に興味を示す技術者が大きな成果をあげる時代が、必ずやってくると信じているからである。

4

どんな場合もケジメをはっきりつけておく

わが社の本社が京都・烏丸御池《からすまおいけ》にあったころの話だ。七月半ば、祇園祭の山鉾《やまほこ》巡行の日になると、社員が妙にそわそわして落ち着かない。やがて鉦《かね》と太鼓の音とともに山鉾が近づいてくるのが、雰囲気でも感じ取れるようになった。待ち切れずに二、三名の社員が席を立ち、窓を開けて鉾を見ようとする。その瞬間、わたしは「窓を開けるな」と叫んだ。そして、「鉾を見たい者は手をあげるように」と促した。席を立った者のほかにもう二、三名の社員が恐る恐る手をあげた。

「よろしい、いま手をあげた人には、これから一五分間の休憩を与える。下に降りて見てきてよろしい」と許可を出した。

何もそんなに堅苦しいことをしなくてもと思われるかも知れないが、これが重要なのだ。

わが社では、勤務時間内は原則的にプライベートな会話をすることを禁じている。減点主義ではないので罰則は何もないが、普段から仕事のプラスになる話以外は、休みの時間か仕事が終わってからにするようにと、口を酸っぱくしていっている。世間の人は奇異と感じるかも知れないが、これは至極当然、当たり前のことである。

月曜日の朝に出社してくると、いきなり昨日のゴルフの話がはじまる。あのホールがどうだったとか、ドライバーの調子がどうのと上司が長々とやるから、部下も同じように真似るのである。それよりも出勤したなら、しなければならない仕事がたくさんあるはずだ。会社には仕事以上に重要なことはない。

わたしは、日本電産をプロフェッショナルの集団にしたいと思っている。プロというかぎりは、職場では真剣勝負でなければならない。この基本をはっきりとさせておかなければ、何もかもがいい加減になってしまう。

プロゴルファーも、プロ野球の選手も、コースやグラウンドに出れば、プレー以外のことは一切頭のなかにないと思う。スランプに陥る選手は、プレー以外のことを考えているからそうなるのだ、というのがわたしの考えだ。スポーツ中継を観るのであれば、単にスコアや勝ち負けだけに一喜一憂するのではなく、むしろプロの精神、根性、勝負への執念を学ぶべきである。このあたりのケジメをきちんとつけられない経営者やリーダーには、絶対に人は動かせない。人に何かを求めるのであれば、自分は求める相手以上にストイックになることも重要な条件の一つである。まず、自分自身に克《か》てるかどうかにかかっている。

5

苦労には有形無形の利子がつく

創業間もないころの日本電産は、わたしの家の一室で図面を引き、桂川の堤のそばにあった三〇坪ほどの染物工場の一階を借り、ここに旋盤とボール盤、プレス機を一台ずつ入れて仕事をはじめた。当然のことだが、仕事がまったくない。あちらこちらを歩き回って、熱心に頼み込んでも、「モータなんて余っている」「何度来てもらっても、ウチには仕事はない」と断わられる。そんななかで受注できた仕事といえば、苛酷な注文がつくためにほかのメーカーのどこもやらないような、手間ばかりかかって効率のあがらない、コンピューター用の試作モータのようなものばかりだった。

「重さは従来の半分、パワーは倍、消費電力は半分というモータをつくってくれ。数は二個、納期は二ヵ月後」

これでは苛酷を通り越して、常軌を逸しているといわざるを得ないが、何度も通って頭を下げ、いわばお情けでもらった仕事だから、この期に及んでは意地でもできないとはいえなかった。

創業時のメンバーである四人がそれぞれに知恵を出し合い、図面を引いてはため息をつく。小さな窓の外が白みはじめ、小鳥のさえずりが聞こえてくる。わたしは「もう一回だけやろう」と自分を励まし、ようやく図面を描き上げる。決して満足のいくものではないが「これが限界だ」と、モノづくりに取りかかる。体力的にも限界が近づいているが、納期も迫っているので休んではいられない。

客先が要求する性能には及ばないが、かなりレベルの高い製品が仕上がる。それを、断わられるのではないかと恐る恐る持っていくと、「大したもんだ。まさか、ここまでやってもらえるとは……」と買い上げてくれた。実は、ここで蓄積した技術力がこの後アメリカに売り込みをかけたときにたいそう役に立った。

このときに、「とても無理だ」「不可能だ」とあきらめていたなら、日本電産はとっくに倒産していたと思う。わたしは苦労こそ財産だと考えているが、この理由は苦労には後で有形無形の大きな利子がついてくると実感しているからだ。完成した製品そのもの、そして技術力がカタチある利子の代表である。しかし、それよりも情熱、熱意、執念さえ持続することができれば、不可能も可能にすることができるという自信と信念、こうした無形の利子を得たことの方がはるかに大きな価値があった。

6

「仕事ほど楽しいことはない」といえるか

近頃つくづく思うのは、健康の大切さとありがたさである。

日頃から健康には十二分に注意をしているおかげで、風邪一つひいたことがない。ちなみに、わたしの健康法は、週に四万五〇〇〇歩歩くこと、食事の好き嫌いは一切しないこと、大きな声で話すこと、そして、仕事で徹夜をすることはあっても、夜遊びはせずに規則正しい生活を送ることである。

昔は柔道をやっていたが、いまはこれといって続けているスポーツはない。年に一、二回だけどうしても断われないゴルフに参加しているが、正直これは、気の重いことの一つである。ゴルフの前の夜はワクワクして眠れないという人はわたしの周りにもたくさんいるが、会社が始まる月曜日を前にした日曜日の夜はワクワクしても、ゴルフの前夜だけは憂鬱になってしまう。

なぜなら、わたし自身ゴルフに関する成功体験がないからだ。これは仕事や勉強も同じで、過去に仕事で大きな成果をあげたとか、クラスや学年で成績が一番になったというのであれば、仕事や勉強がおもしろくなってくる。わたしも一〇〇人ぐらいのコンペで優勝した経験でもあれば、ゴルフに対する見方も変わっていたと思う。しかし、そのためには死に物狂いで練習をしなくてはならない。その練習が苦しければ苦しいほど、優勝したときの感激も大きいことは頭のなかでは理解できる。だが、ゴルフに割く時間はとてもとれないし、とろうという気もまったくない。

わたしには、ゴルフよりも仕事の方がはるかにおもしろくて、しかも楽しい。世の中には「ゴルフほど楽しいことはない」と人に勧めてまわる人はたくさんいる。しかし、残念ながら、「仕事ほど楽しいことはない」と勧めてまわる人はほとんどいない。仕事もゴルフの練習と同じで、苦しんで苦しんで苦しみ抜いた後で、一条の光が差し込んできたときにはじめて、おもしろさがわかりかけ、その光が大きく輝いたときに仕事の本当の楽しさや喜びを実感できるのだと思う。

人を動かそうと思えば、まず自分自身がこの楽しさや喜びを味わっておく必要がある。そのためには、仕事の苦しさや苦痛から逃げ出さないこと。この苦しみと楽しみの落差の大きさが、社員や部下に対する説得力にストレートに反映してくる。

7

ともに酒を飲め、食事をとれ

創業した当時のわが社は、国内の企業からまったく相手にされず、仕方なく海外（アメリカ）へと活路を求めた。スリーエム、トリン、IBM、ゼロックスなどアメリカの一流企業との取り引きがはじまると、日本の企業から「おたくの会社でIBMに納めているモータ、あれと同じものが欲しい」といった注文が入り出す。それも名の通った一流企業ばかりだ。

そうした国内のニーズにも応えながら着々と国際化を推進してきたが、その最重要テーマが、世界に通用する人材の育成であった。

現在、わが社では新入社員研修をアメリカをはじめ、東南アジアの各事業所で行っている。全員ではなく、本人の希望と適性を見て選抜したメンバーだが、早く国際感覚を身につけさせるには一人でも多くの社員を現地に送り出すしかない。その後も、若い社員にはできるだけ海外出張や海外赴任の機会を多く与える。特に技術者は大きく英語圏と中国語圏に分け、二、三年のスパンで現地を経験させ、スムーズにオペレーションができる人材の養成に努めている。

一方で、海外駐在員の数も膨らんできた。このなかには現地の女性と結婚して、永住を希望する者も何名か出てきている。彼ら、彼女たちは、国内とは比較にならない少ない人数でライバルと競い合って、わが社の屋台骨を支えてくれている。

しかしそんな社員たちが、慣れない土地で不自由なことも多々あり、日ごろから少なからず不安に思っていることは容易に想像がつく。そうした不安をわずかでも解消させるには、日本の状況を正確に、しかもスピーディに知らせてやることだとわたしは思っている。それも、電話やファックスよりも自筆の手紙の方がベターだ。かつては、わたしも毎日のように海外に向けて手紙を書いていたが、いまではこれを彼らの上司がやってくれている。それは、給与をアップしたり、ボーナスを増額するよりも重要なことだと思う。

こうした駐在員と上司のやりとりとは別に、日曜日の午前中に駐在員全員からわたしのところへレポートが届く。これに目を通して、何かピンとくることがあれば、すぐに連絡する。

また、現地を訪ねたときには、時間の許すかぎり彼らと話し合い、食事をし、酒を飲む。彼らが弱音を吐いたりすると「そんな弱気で、どうするんだ」と口では叱咤しているが、心のなかは「すまない」という気持ちでいっぱいなのである。

8

自分のポストを脅かす部下を育てろ！

わたしは基本的に成長論者である。企業は存在するかぎり、常に成長し続けなければならない。成長なしに企業の活性化は、図れないと考えている。

これは、日本の状況を見ればよくわかるはずだ。経済成長が止まる、あるいは後退しはじめると、企業はこぞって生産量を調整する。当然余剰人員が生まれて、失業者が増える。消費はますます落ち込んで、経済はさらに低迷する。この悪循環が繰り返されると、やがて国は滅びてしまう。ソ連が崩壊し、ロシアに生まれ変わるなど、これまでの世界の歴史はこうしたことの繰り返しの連続であった。

企業も成長が持続しなければつぶれてしまうか、現状維持が精一杯でバイタリティーも活力も感じられない企業として細々と事業を続けるしかない。

身近なところでいえば、会社の成長が止まると新入社員が迎えられなくなる。そうすると、その前の年に入社した社員は、いつまでも下っぱ社員であることを余儀なくされる。これではいつまでたってもチャンスは巡ってこないし、やりがいのある仕事にチャレンジすることもできない。

このことは、自分の所属している部門やグループにも当てはまる。部門の業績をあげられなければ部下も増えず、上にも行けない。やがて、職場全体に沈滞ムードが漂い、全員が仕事への情熱、熱意、執念を失ってしまう。

では、どうすれば業績があげられるのかといえば、部下をしっかりと育てることだ。たとえば、現在のポストが係長なら、自分の部下を係長に育てる。課長であれば、係長を課長にする。そうすれば業績は自然に伸びていく。そんなことをすると自分の立場はどうなるのかと考える人は、組織のことがまるでわかっていない人だ。

結論から先にいうと、係長を育てられる人は課長になる資格があるし、部下を課長にできる人は次長や部長になる力があるという証明なのである。逆にいえば、部下を係長に育てることができなければ、自分がいつまでも係長をやらないといけない。また、係長を課長にできないような人間に、次長や部長の席を任せることなどできるはずがないのである。

こう考えていくと、自分のポストは自分で決められることがわかるはずだ。「会社はオレの実力をわかっていない」とグチをこぼすより、部下を動かし、育てることに専念すべきである。

9

目先の楽をとれば大きなチャンスを逃してしまう

人生というのは運が七分で努力が三分、いや、もっと運に大きく左右されるかも知れない。いくら努力をしても、それ以前に歩む道の選択を誤っていたり、運に見放されてしまっていてはせっかくの努力も水の泡になってしまう。

たとえば、現在わが社が手がけているモータ事業は、わたしが小学校四年生のときの体験が原点となっている。理科の時間に、コイルを巻いて簡単なモータをつくる実験があった。そのときにわたしのつくったモータがクラスで一番よく回ったので、担任の先生がえらく褒めてくれた。これ以来、わたしの頭のなかにはモータという機械がこびりついて離れなくなった。

また、わたしは京都の片田舎の農家に生まれ、六人兄弟の末っ子。家も貧しかったので、小さなころから父親に「おまえは中学校を出たら丁稚《でっち》にいけ。これからは電気屋の時代だ」といわれて育った。理科の実験でつくったモータ、そして父親の「電気屋の時代」という言葉。それは単なる偶然だといわれるかも知れないが、わたしにとってはこれも一つの大きな「運」であった。

中学校卒業後に進んだ京都市立洛陽高等学校（現京都市立京都工学院高等学校）電気科、そして職業訓練大学校（現職業能力開発総合大学校）ではよき恩師に恵まれ、また、社会に出てからのモータ研究の場や日本電産を創業してからは、多くのよき同志、よき部下にも巡り会うことができた。それだけではない。銀行、得意先、協力会社、このほかにも数え切れないぐらい多くの人との出会いがあり、そのたびにさまざまな教えや助けを受けてきた。これらはすべて天の配剤、自分一人の力ではどうにもコントロールできないものである。

しかし、わたしは「運」の活かし方には公式があると思っている。その代表的なものが本書で繰り返し述べていこうと思う「先憂後楽《せんゆうこうらく》」の精神だ。目の前にいくつも仕事が山積みになっている。できれば明日に回してしまいたい。そこで、楽をとればやはり大きなチャンスを逃してしまうことになるだろう。

わたしは、社員や部下はもちろん、縁があって出会ったすべての人、企業から、「永守と知り合えてよかった」「日本電産と関係ができて運が向いてきた」と喜んでもらえるような人間になりたい、会社にしていきたい、と考えている。そのためには、わたし自身が「運」をフルに活かさなければならないと思っている。

10

周囲に反対されるほどのことを実現させて、はじめて人がついてくる

短期的には二〇〇一年にニューヨークでの株式上場、中期的には創業三〇周年を迎える二〇〇三年にグループ全体の売上高五〇〇〇億円、連結で三〇〇〇億円。そして長期的には、二〇一〇年にグループ売上高一兆円、従業員数一〇万人のモータを中心とした、回るもの、動くものの世界最大のハイテク総合メーカーをめざす。これがわが社の将来構想である。ちなみに、九七年度のわが社のグループ売上高は二三五〇億円、従業員数は二万七〇〇〇名。したがって、これからの一三年間で現在のざっと四倍まで規模を拡大しようと考えている。

（編集部注：二〇一八年度連結売上高一兆五一八三億円）

「なぜそんなに企業をどんどん大きくしたいのか」と経営者仲間からよく質問を受ける。こんなとき、わたしは即座に「雇用創出のため」と答える。なぜなら、人間を中心とした社会にあって、人が多く集まる集団をつくること、それも目的を同じくする人の集まりを大きくし、一人でも多くの人が働ける会社をつくることが、経営者の永遠のテーマだと考えている

からだ。

しかし、「現在では社員数の多いことが、必ずしも成功した効率のよい企業の条件ではない」「会社が大きくなれば大きくなるほど、煩わしいことも増えるのでは」という意見もある。たしかに、効率を徹底的に追求し、ムダやムラを排除していくことは経営には不可欠なポイントだ。だが、こと人に関するかぎり、効率一辺倒だけでとらえてよいものだろうか。国内だけを見れば、そうした意見も止むを得ない面もあるが、広く世界に目を向けると、ただただ効率重視だけではなく、雇用そのものをつくり出していかねばならない国や地域も、まだたくさん残されている。

会社が大きくなると煩わしいことが増えるというのもわたしは賛成しかねる。むしろ、その煩わしさがあるから楽しみもそれに比例して大きくなるのだと思う。幹部や社員たちと将来のことや夢を語り合うにしても、「何だ、そんなことだったらすぐにできるじゃないか」では、おもしろくもおかしくもない。周囲から「何もそこまでやらなくても」と反対の声があがるぐらいのことを実現させなければ人も安心してついてきてくれないのではないだろうか。「物事を実現するか否かは、まずそれをやろうとした人が〝できる〟と信じることからはじまる。自ら〝できる〟と信じたときにその仕事の半分は終了している」

わたしはこの自らの言葉を信じて、一歩でも前進したい。

1章

「人を動かすのがうまい人」のこのやり方

11

「部下が使えない」というのは自分に問題があると思え！

二〇歳代の若い部下を多く抱えるリーダーの悩みはほぼ共通している。彼らの悩みを黙って聞いていると、いまの若者は「協調性に乏しくて、仕事に対する意欲もあまり感じられず、シラけていて使いものにならない」といった結論になる。最近はこれらに加えて「すぐにキレる」ということもよく耳にする。

わたしもいくつか感じていることがある。それは若い社員のなかに、人と顔を合わせたときに笑顔を見せない人や、面と向かって話をしているのに視線を合わせようとしない人が急増していることだ。協調性に乏しいのも、仕事に対する意欲が希薄なのも、シラけているのも、すべてここに起因しているとわたしは考えている。

たとえば、同じ職場で働いている顔見知りの人間と道や廊下ですれ違ったときに、微笑んで会釈ができないような者に協調性があるとは思えないし、相手の目を見てしゃべれないような人物が、仕事に意欲や情熱を燃やせるはずがない。

部下の協調性がどうとか、意欲がどうのとかいう前に、リーダーはここから部下にやらせるべきだ。「君には協調性が足りない……」などといくらいい聞かせてみても、恐らく通じないだろう。それよりも、部下と顔を合わせたときにはいつもリーダーの方から微笑みを投げかけ、機会をとらえて「社内でも、お客様のところを訪問したときでも、面識のある人にはちょっと笑顔を見せるようにすると、相手も好意を持ってくれる。職場のなかなら仲間意識が生まれて、何か頼み事をしたときにも喜んで引き受けてもらえるようになる」といった話をしてみることが重要だ。

要するに、部下と同じ目線にまで降りていき、こうした方が君の得になるという具体的なメリットをあげて、どうすればいいのかを一つ一つ教えてやれば、きっと部下は変わってくるはずだ。そうした努力もしないで、「いまの若い部下は……」とグチをこぼしているだけでは前進も進歩もない。部下がこうだから使えないというのは、使おうとする努力を怠っている言い訳にすぎない。部下が動かないのは部下に問題があるからだと考えているリーダーは、テコでも動かしてやろうという意欲がないことを、自ら証明しているのと同じだ。

ただし、あらゆる物事は一朝一夕には運ばない。部下とはいえ、他人の意識を変えていこうとするのである。これまでの自分自身に染みついた固定観念を一八〇度転換させるぐらいの、自分に対する意識改革も不可欠となる。

12

人間性が一流の人と、三流の人の、この人づかいの差

「一流の能力を持っていても、人間として三流の管理者であれば、五流以下の業績しかあげられない」。これがわたしの持論である。では何をもって人間性を三流とするのか。それは次のようなポイントがある。

まず、部下は自分の指示や命令で動くものだと勘違いしている点だ。たしかに、表面上、部下は上司の指示や命令で動く。だが、これは会社の規則やルールのなかに、上司の指示に従うことが明記してあり、この規則やルールに反すると罰を受けるから指示通りに動くのである。これを部下が自分のいうことを聞いて動いていると思うのは大間違いだ。

こういう勘違いをしている管理者は、部下が大きな成果をあげたり、トップから褒められたときに、自分が上司であることを主張しようとする。曰く「つい、この間までは何もできなかった彼を育ててやったのはオレだ」と……。ところが、部下が大勢の前で叱られていたり、責められていたりしたときには、まったく他人《ひと》事のように振る舞う。部下が窮地に立た

されているのに、何一つ手を差し伸べてやろうとはしない。

また、大きな問題が発生したときに、オロオロするだけで何ら手を打てず、口をついて出てくるのは自己保身のための言い訳ばかりというのも人間性三流の管理者の特徴である。この典型的な例がクレーム処理である。客先からクレームが入ったとすると、「営業の担当者は誰だ」「どこの工場でつくった」「工場の責任者は」というように、報告を求めるだけで自らは動こうともしない。頭のなかは、責任回避のことでいっぱいになっている。こんなときに、すぐに飛んでいって土下座をして謝ってくる。あるいは、徹夜作業の先頭に立って製品をつくり直すぐらいのことができなければ、とても一流の人間とはいえない。

「いい右腕が欲しい。信頼できる部下に育ってほしい」――管理者は誰もがこのように考えている。しかし、部下というのはその上司を映すカガミのようなものである。「欲しい」ではなく自分自身の器を大きくして、力を引き出してやらなければ一流の部下は育たない。一流の部下を育てるには、部下の心を読み、心で部下を動かしていかねばならない。

壁にボールを投げたときに、勢いがよければボールも勢いよく跳ね返ってくる。弱ければ力のないボールしか返ってこない。上司と部下との心と心のキャッチボールも理屈は同じだ。まず、自らを磨いて鍛え直し、大きな愛情を持って指導を行う。これに意気を感じた部下が期待に応えてくれるのである。自分が投げた力以上のボールが返ってくることはない。

13

「いわなくてもわかっているだろう」という態度をするな

世の中の男性を一番冷ややかに見ているのは、その男の嫁さんであろう。新婚時代は例外としても、結婚して五年、一〇年と経つとお互いに隠しているものもなくなってくる。

このころになると、嫁さんの口をついて出てくる一言にハッとさせられることがある。また、亭主の長所はここと、ここ、欠点もいろいろとあるが、これだけは許しがたい、といったことも明確になってくる。普段は表面にはなかなかあらわれてこないが、何かのはずみで表面化したときには、ズバリ核心を突かれてドキッとさせられることも少なくない。

一方、そこまで細かく嫁さんのことを分析している男は少ない。

冷ややかという言葉を使ったが、あくまでもその根底には愛情や信頼関係があるのが前提で、別の表現をすると、「心はホットでも、頭はクールに」ということになる。

では二番目に男を冷ややかに見つめているのは誰かというと、それが部下である。上司としての器があるか、つまり、専門知識、専門技術をはじめ、判断力や決断力があるかどうか、また使命感や責任感は強いかなどの管理者としての資質、さらには情の厚さや細やかさといった人間性、そして問題が起こったときに庇《かば》ってくれるかどうかといった度量の大きさ、自分たちの意見を積極的に取り上げてくれる姿勢の有無にいたるまで、口にこそ出さないが部下は実に細かなところまで冷静に観察しているものである。

嫁さんと部下。この両者は頭のクールさでは共通していても、心のホットさはまるで違う。夫婦であれば、互いに愛情や信頼関係を育んでいこうという前提に立てるが、上司と部下の場合はこうはなりにくい要素が多々ある。だからこそ、上司は部下の心をホットにするために最大限の努力を惜しんではならない。

そのポイントになるのが、部下とのコミュニケーションのとり方だ。人の信頼を得ようと思えば、相手に不安を与えないようにしなければならない。そのためには、上司の方から小まめに話しかけること。部下の立場になれば、上司がムスッとしているだけでも不安になるものだ。とにかく「いわなくてもわかっているだろう」という態度が一番よくない。

もう一つは、上司は聞き上手になること。部下が話しかけてきたら、相づちを打ち、話しやすいように質問をするなど、親身になって最後まで話を聞いてやることが重要だ。言葉を変えると、部下の描いたドラマのなかに飛び込んで、一緒にドラマを演じる、そしてともに感動する。この感動が部下との強い信頼関係を築き上げていく原動力になるのである。

14

「失敗は必ず解決策を一緒に連れてくる」

日本流の責任のとり方といえば、「辞める」「辞任する」というのが一般的になっている。たしかに、政治家やプロ野球の監督のように、もう一回が許されない立場があるのも事実であろう。しかし、法を破ったり、不正や不当なことを行ったというのであれば話は別だが、仕事で失敗した管理者が「辞める」と口にするのは筋違いだ。

辞めるというのは潔い行為でも何でもない。それどころか、やりかけたことを途中で放り出してしまう無責任極まりない行為だ。もし、何か失敗をしたのであれば、これを成功によって覆すのが本来の責任のとり方である。

「失敗は成功のもと」ということわざがあるが、すべての失敗が次の成功に結びつくわけではない。失敗したことを反省し、やり方を変えて再チャレンジしてみるから、成功する可能性が高くなるのだ。つまり、失敗の後の反省なしに成功を手に入れることはできない。だから辞めるというのは、むしろ反省したくないといった開き直りにも等しい行為だとわたしは考えている。

新しい仕事、新しいチャレンジには常に失敗がつきまとう。この失敗を恐れていては、会社にも、その人自身にも未来はない。したがって、新しい計画が失敗に終わったのであれば、その原因が経験不足にあったのか、能力不足にあったのか、それとも別の要因なのかをすみやかに究明し、その原因や要因を取り除くことができるのかどうかを検討する。そして、再チャレンジしてみる価値があるのかどうかも含めて、成功に導くための提案を行ってトップの指示を仰ぐというのが、自覚を持ったリーダーの責任のとり方である。

わたし自身これまでに、特に若いころには数え切れないぐらいの失敗があった。そのたびに反省し、「二度と同じ失敗は繰り返さない」と心に誓って再チャレンジを試みた。そこで得たのが「失敗は必ず解決策を一緒に連れてくる」という教訓である。つまり、失敗から目をそらさずに、むしろこちらから失敗のなかに飛び込んでいけば、必ず解決策を見つけることができるということだ。しかも、こちらから失敗に近づいていくと、失敗をしないコツ、秘訣もわかってくる。責任が重くなればなるほど、失敗や判断ミスは許されなくなる。そういった面でも、致命傷にならない程度の失敗なら、若いときに一度でも多く経験すべきだと思う。失敗を宝の山にするのか、ゴミの山にするのかは本人の心がけ次第。このあたりも、部下たちは注意深く観察しているものである。

15

「二番というのは一番の次ではない」
――淘汰の時代の、この考え方

バブル崩壊以降、企業の二極化、すなわち勝ち組と負け組の差がはっきりとあらわれるようになった。バブルが崩壊する以前は、ほぼどの業界も上位の四、五社がバランスよくシェアを分け合い、それぞれ利益を確保してきたが、今や淘汰の時代に突入している。

たとえば、業界トップの会社が過半数を上回る六〇パーセントのシェアをとれば、二位の会社のシェアは一五パーセント、三位はその半分の七・五パーセントで、四位は四パーセント未満のシェアに甘んじなければならない。

これを利益で換算すると、二位は一位の一〇分の一、三位は同じく一〇〇分の一、四位なら利益どころか赤字に転落してしまう。

わたしは、小さなときから「一番以外はビリ」だという発想をしていた。学校の成績はもとより、スポーツでも、喧嘩でも、昼の弁当を食べるのも一番でなければ気が済まず、人に負けるのは絶対にイヤだと思っていた。わたしにとって二番というのは一番の次ではなく、ビリの方に近く、三番ならビリと同じで、何の価値もないと考えていた。そんな「一番以外はビリ」という時代がやってきた。その勝負を決するのは、

・スピードが五〇％
・ハードワークが三〇％
・トータル的能力が一五％
・学歴や経験が三％
・社歴や知名度が二％

だというのが、わたしの分析である。

開発や製造はもちろん、トップの判断や決断、改革や変革にもスピードが求められる。時代の変化が激しいだけに、この変化の波に乗り切れない、あるいは自らが変化をつくり出していくという姿勢のない会社は淘汰されてしまう運命にある。しかも、従来のような学歴や経験、会社の歴史や知名度といったものは、およそ役に立たなくなってしまう。

スピードの時代に重要なのは、強力なリーダーシップであることはいうまでもないが、この状況をリーダーがピンチと見るのかチャンスととらえるのか、これが勝負の大きな分かれ目である。

16

人を動かす人間に土日も盆も正月もない

「わたしは一年三六五日フル稼働。たった一日の休みもなく働いている」という話をすると、「土曜はその週にやり残した仕事の整理などに時間が必要なことはわかる。しかし、日曜はいったいどんな仕事をしているのか」と怪訝《けげん》な顔をする経営者がいる。だが、わたしにとって日曜は、一週間のうちで最もかけがえのない、極めて重要な仕事のための一日なのだ。

わが社には世界中に事業所とグループ会社がある。こうした工場、研究所、営業所の責任者から日曜の午前一一時までに、その一週間の報告をはじめ、連絡事項、懸案事項、各種のデータなどが届くようになっている。午前中はこれらすべてに目を通し、午後から返事や指示、フォローが必要なものについては、必ず返信する。これがわたしの日曜の日課となっている。

海外出張に加えて、国内のユーザーを頻繁に訪ね、こうした合間を縫って、事業所、関連会社を定期的に訪問する。ウイークデーで本社に出られるのは週に一日か二日。その日も来客や取材などのスケジュールがビッシリと詰まっている。必然的にまとまった仕事が落ち着いてできるのは日曜ということになる。つまり、経営者として本来やらねばならない会社や組織全体の流れの把握、トップにしかできない判断や決断などは、日曜日に集中して行うのである。

というのも、経営というのは結果がすべてであるからだ。いくら社員が忙しく働いていたとしても、利益が出なければ意味がない。

要するに、社員に「もっと働こう」とハッパをかけるかぎりは、決算ごとに「社員の皆さんに頑張ってもらったおかげで、今期はこれだけの利益を出すことができました。そこで前期よりもこれだけ上積みして皆さんに利益を還元します」と胸を張って報告できる結果を出さなければならないということだ。

これが会社の規模の大小を問わず経営トップの責務であり、多数の社員や部下、そして組織を動かす原動力でもある。つまり、経営トップがこうした責務を果たさなければ、人はついてこないし、ましてや動かすこともできない。そのためには土曜とか日曜とかいってはいられない。経営者には盆も正月もないというのがわたしの考えだ。

ナポレオンの睡眠時間は一日三時間だったといわれているが、これぐらいの犠牲と奉仕の精神がなければ経営者になるべきではないとも思う。

17

どう身につける？「人を動かすのがうまい人」の得意ワザ

リーダーの仕事をとことん集約していくと、いかにして人を動かすかというところにつながっていく。計画を立てるのも、企画を立案するのも、戦略を構築していくのも、これらすべて人を動かすためである。社員や部下、顧客やユーザーに何を提供していけば、納得して動いてもらえるのか。計画、企画、戦略というのは、いわばこのプレゼンテーションのためのツールの一つにすぎない。

よくいわれることだが、人間一人の力なんてたかが知れたものだ。リーダー一人がいくら頑張ってみたところで、大したことはできないのである。したがって、いかに多くの人を機敏に動かしていくか。このためのツールをたくさん装備していることが、強いリーダーの条件となる。

たとえば、社員や部下に対してであれば目標を与えればよいのか、それとも方針なのか。あるいは責任なのか名誉なのか、やりがいを求めているのか、メリットなのか、また、叱れば動くのか、褒めた方が効果があるのか……。あるいは相手がそれぞれに望んでいるものを早く見極めて、これを的確に与えていく。これは、顧客やユーザーについても考え方は同じだ。最初は相手のニーズ、要望をつかんで的確かつスピーディに応えていく。すべてはここからスタートするのである。

人を動かすことに情熱を持ちながらも、人を動かすのが下手なリーダーというのは、こうした絞り込み、すなわち相手が何を求めているのかをしっかりとつかまずに、あれもこれもと総花的に与えようとする。だから、「過ぎたるは及ばざるがごとし」のことわざ通り、相手はかえって負担を感じて煩わしくなり、心が離れてしまうのだ。

反対に人を動かすのがうまいリーダーというのは、自分の得意ワザへと巧みに持ち込んでいく。一例をあげると、人を感動させるのが得意であるなら、いろんなプロセスを経て最後はこれで勝負をかける。人を動かすツールを多く装備している強いリーダーが、このテクニックに磨きをかけると、さらに多くの人を動かせる。では、こうした得意ワザはどうすれば身につくのかといえば、いろんな経験、特に辛抱を体験することが一番の近道となる。会社の仕事のなかには、それこそうんざりするような単純作業も少なくない。この苦痛や辛さを知っていれば、そうした仕事をしている部下との接点も見つけやすい。つまり、一つでも多くのことを体験しておくことが、人を動かすためのツールを増やすことにつながるのである。

18

「権限委譲」と「責任委譲」を勘違いするな

「権限委譲」という言葉がある。「この仕事は君に権限委譲する」とか「あの会社は権限委譲が進んでいなくて、部下に仕事を任せない」といった使われ方をする。この言葉は、よく「責任委譲」と混同して使われる。だが、「権限委譲」と「責任委譲」とはまったく別のものである。また、「任せる」ということを「放置する」、「任せられる」を「自分の好き勝手にやる」と解釈している人も多いが、これも明らかに誤りである。

部下に目標を示して指示を出し、最後に「よし、この件は君に任せた」と上司が宣言したとする。この場合、上司は部下に権限を委譲しただけであって、責任まで委譲したわけではない。当然、直接仕事を進めていくのはその部下だが、結果に対する責任はあくまで上司の側にある。つまり、権限を委譲したといっても、上司は常に進捗状況の報告を受け、その内容をチェックする必要がある。

内容に問題がなければ口をはさむことはないが、部下が困っていたり、多少なりとも不安があるようであれば、目標をスムーズに達成できるように、適切なアドバイスを与える。また、軌道修正を要するようなケースであれば、それをはっきりと伝える。上司は「任せた」と宣言しても、少なくともこれだけのことはやらなければならない。これをやらずに「放置」しておいて、後になって「部下を信頼して任せたのに裏切られた」などというのは、責任回避以外の何ものでもない。

指示を与えたなら必ず部下に報告を義務づけることは、仕事に取り組んでいくうえでの大原則である。わたし自身、部下からの報告内容を入念にチェックすることによって、重大な問題の発生が未然に防げたという経験を何度もしてきている。

一方、任せられた部下の側にも注意しなければならないポイントがいくつかある。仕事の状況は自ら進んで上司に報告し、任せてくれた上司の信頼に応えねばならない。

信頼に応える報告とは、よいことばかりを選んで知らせることではない。イヤなこと、都合の悪いことほど、早く正確に伝えるということである。火事でもボヤのうちに消火器を持って駆けつければ、被害を最小限度に食い止めることができるが、火が回りはじめてしまっては、打つ手もかぎられてしまう。

「権限委譲」には、上司にとっては部下を動かす、部下にとっては上司を動かしていくための数多くの教訓が含まれている。

2章

指示の出し方——何をどう話すか

19

人望を得るために絶対必要な五つの条件

経営者の立場から見て、うまく部下を動かし、なおかつ組織としての機能をフルに発揮させている幹部社員には、いくつか共通項がある。

その第一のポイントが、ギブアップをしないということ。一度やると決めたことは、どんなことがあっても最後までやり抜く。こうした姿勢を貫く上司であれば、部下は否が応でもついていかねばならなくなる。反対に、最初からやる気がなかったり、決めたはずの方針が理由もなくコロコロと変わる。あるいは、威勢がいいのは最初だけで、結局は行動が伴わずに途中で投げ出してしまう。こんなことが一度でもあれば、部下は安心して上司についていけないと感じ、一定の距離を置くようになる。

二番目のポイントは、陰で人の悪口、特に部下の悪口はいわない、いわせないということが大切だ。本人のいないところで上司が先頭に立って部下の悪口をいい出すなどはもってのほかのことである。職場で仲間の悪口をいう者がいたなら、「二度とそんなことは口にするな」

とその場で厳重に注意することが必要だ。なぜなら本人がいないところで仲間の悪口をいっているような職場では、チームワーク、連携プレーがうまく図っていけるはずがないからだ。

三番目はごまかさないということ。あえて説明する必要はないと思うが、人を動かすベースになるのは信頼である。自分の立場を守るために、部下をごまかしたり、トップに虚偽の報告をする。見ていないようでも部下はこうした行為をよく観察しているものである。

四番目は正論、すなわち理詰めで部下を追い込んでいかないこと。もちろん、正論を述べたり、理詰めで話し合うことが必要な場合もある。しかし、部下がミスや失敗をしたようなケースで、部下もそのことに気づき、反省しているなら、さらに追い打ちをかけるようにグジグジと正論を並べ立て、精神的に追い込んではならない。むしろ、「君ともあろう人間が、こんな失敗をするようでは思いやられる」と理屈抜きでガツンと雷を落とし、これで終わらせる方が、部下も上司に好感を持つ。

最後は休まないということ。わが社の例でいえば、創業から参加してくれた一人は風邪で四〇度近い熱があろうが、前夜の午前三時、四時まで残業をしようが、必ず定刻までに出勤する。以前車の事故で足を骨折したときも松葉杖をついて会社に出てきた。こんなときには会社で居眠りをしていることもあるが、どんなことがあっても休まないという信頼が、わたしを含めた多くの社員、そして取引先の人たちからの人望の高さにもつながっている。

20

部下は「たったこれぐらいのこと」に感動する

教育現場、すなわち学校の荒廃が叫ばれて久しい。わたしはこの大きな原因の一つが、生徒を無視する先生が増えてきたことにあると考えている。たとえば、授業中に一部の生徒がぺちゃくちゃしゃべっていようが、弁当を食べていようが、注意一つしない先生がいるという。反抗的な態度をとる生徒は、先生に自分の方を向いてもらいたいのだ。これを先生が無視するから、小声だったのが大声でしゃべるようになり、やがてはほかの生徒まで巻き込んで教室の後ろで騒ぎはじめる。ここまで来ると歯止めが利かなくなり、物を壊したり、先生や同級生に暴力を振るうといったところまでエスカレートする。

わたしがいいたいのは、生徒を無視したり、生徒の行動に関心を示さない先生に教育者としての資格はないということだが、これは上司と部下との関係にもそのまま当てはまる。

わたしがサラリーマン時代の出来事で、いまだに強烈な印象として残っていることがある。当時わたしはまだ駆け出しの技術者だったのだが、ある日、社長と廊下ですれ違った。わたしが会釈をして通りすぎようとしたときに、社長が「永守君」と声をかけてくれた。自分の名前を覚えてくれている。これだけでもうれしかったのだが、「君がつくったモータは音も大きいし、ほかにもいくつか問題点がある」と単刀直入にいわれた。名前だけでなく、どんな仕事をしているのかも社長は知ってくれている。わたしの開発したモータの評価は惨めなものだったが、ここまで自分に関心を持ってくれているという事実に感激してしまった。

同じ会社の専務も廊下やエレベーターのなかであれこれ声をかけてくれるのだが、いつも胸の名札をちらちら見ながら名前を呼び、仕事に関する話はほとんど出てこなかった。常務にいたっては、あいさつを交わすぐらいで、それ以上踏み込んだ会話は皆無であった。

「たったこれぐらいのこと」と思われるかも知れない。しかし、人の上に立ち、人を動かしたいと思うのであれば、この違いの重みに気づく必要がある。わたしはこのエピソードを教訓に、社員には気軽に名前やニックネームで呼びかけ、必ず二言三言わたしの方から言葉をかけるようにしている。これを面倒がるような人間は、人の上に立つ資格はない。

また、こちらから積極的に声をかけてみると相手のこともよくわかる。あるとき、廊下ですれ違った社員に、「○○君、どうだ調子は」と声をかけたところ、「ハイ、絶好調です」と明るく元気な返事が返ってきた。この社員の日頃の仕事ぶりは、この一言からも簡単にわかるものである。

21

大勢の部下を前に話すときは、テーマを一つか二つに絞り込め

世の中には、大勢の人の前で話をするのが実に上手な人がいる。ここでいう話し上手とは、聞き手の心を動かす話し方のことであって、決して言葉巧みにしゃべることではない。

もう少しわかりやすく説明すると、言葉巧みにしゃべる人とは、「その人の話を聞いていると、あっという間に一時間、二時間が過ぎてしまう。しかし、後で振り返ったときに、あんな話もあったし、こんな話もあったが、いったいあの人がいいたかったことは何だったのかと思わせるような話し手」のことだ。

この代表がテレビのバラエティー番組などによく登場してくる人気タレントたちだ。彼らは、次から次へと話題を変え、実にテンポよくしゃべりまくるので、つい聞き惚れてしまうことも多いが、聞く側は五分前の話の内容すら覚えていないということがよくある。

こういう人たちは、しゃべり上手ではあっても話し上手ではない。

話し上手な人に共通しているのは、一時間の話のなかにいいたいことは一つ、あるいはせ

いぜい二つぐらいまでに絞り込んでいることだ。大勢の社員の前で話をする機会の多い経営幹部、とりわけ経営者はこの原則を頭に入れておくことが大切である。一〇人程度の少人数でも基本的な考え方は同じで、これまでのわたしの経験を総合すると、役員会では一五分に一つ、管理者、リーダークラスでも三〇分に一つぐらいのテーマで話をしなければ、結局は焦点がぼやけて、ムダ話になってしまう結果となる。

先日、わたしは関係会社で三〇〇名ほどの現場の人を集めて話をしたが、そのときの内容は、仕入コストを二〇パーセントダウンさせることだった。「今日、皆さんにお願いに来たのは仕入コストを二〇パーセント削減してもらうためです」からはじめて約一時間、その間にいろんな具体的な事例をあげて、仕入価格を下げるにはこんな方法があるし、こんなやり方もあるといった話をする。さらになぜコストダウンが必要なのか、達成した評価はどうするのかなどの話も交えて「二〇パーセントの仕入価格低減」を訴える。

そして、最後にもう一度、「忙しいなか、わざわざ皆さんに集まってもらい、一時間聞いた話が二〇パーセントのコストダウンだけかと思われるかも知れませんが、その通りです。くれぐれも必達をお願いします」と念を押す。

頭で覚えたことはすぐに忘れてしまうが、体で覚えたことはなかなか忘れない。大勢の社員に体で覚えてもらうには、ここまでやらなければならないことを肝に銘じてほしい。

22

いろんな年齢層の社員と話せ

いろんな本を読むと、人の話を聞くときは「メモをとれ」と書いてある。これは、ビジネスマンの心得としては大切なことで、否定するつもりはない。

しかし、わたしが講師役となって階層別、職場別に実施しているわが社の研修会では「メモをとらなくてもいい」といっている。

なぜなら、研修会といってもわたしは社員に詰め込み教育をする気持ちはさらさらないからだ。社員を集めて話をするときと同じように、テーマを一つかせいぜい二つに絞り込む。一つか二つならメモをとらなくても覚えられる。わたしは、こうした研修の成果はそれで充分だと考えている。

他社の研修のやり方を尋ねてみると、一回にあれもこれもと多彩なプログラムが組まれていて、わたしは「ずいぶん欲張りなんだなぁ」という印象を受ける。それはさておき、一回に一つのテーマに絞るのは、中身の濃いものにしたいためである。しかも、やったことは確実に身につけてほしいとも考えている。

だから、むずかしいことはいわないし、表現も極めてストレートだ。そしていろんな事例を交えて話を進めていく。その数は二〇～三〇になる。では、どうやって事例を見つけてくるのかというと、身の回りで起こっているすべてがそのヒントだ。毎朝読む新聞、テレビのドラマ、雑誌、社内で起こった事件、人から聞いた話などが格好の材料となる。要するに、世の中にあるものは好き嫌いで判断せずに、あらゆるものを一度は受け入れてみることが大事なのである。

ちなみにわたしは、ありとあらゆるものに目を通す。週刊誌であれば、男性向け女性向けを問わずピンからキリまで、メジャーなものはもちろん、実話何とかといったものまで読んでみる。さらに漫画や芸能週刊誌なども、目の前にあれば必ず開いてみる。音楽でもジャンルを問わずに聴くし、カラオケに行って知らない歌を耳にすると、

「あれは誰が歌っていてタイトルは何だ」

と誰彼なしにうるさく尋ねる。

これぐらい貪欲になれば、事例なんていくらでも見つけられるし、いろんな年齢層の社員とも目線が合わせられる。人を動かす秘訣というのは、案外こんなところに潜んでいるのだと思う。

23
相手のキャリアによって話の内容をアレンジする

経営者は明確なポリシー、信念、不退転の決意を伝えることによって、多くの社員を動かしていかねばならない。この土台がぐらついているようでは説得力がないし、権力を行使して有無をいわさず無理やりやらせるというのは時代に逆行している。

そのポリシー、信念、決意の伝え方だが、誰に対しても同じであっては隅々にまで浸透していかない。やはり、相手に合わせて話の内容、表現方法、話すときの態度も変えていく必要がある。まず、内容については、相手のキャリアに応じて次のようにアレンジするというのがわたしの考えだ。

・一般社員には危機意識三〇%、夢やロマン七〇%
・主任クラスのリーダーには危機意識五〇%、夢やロマン五〇%
・部課長クラスの管理者には危機意識七〇%、夢やロマン三〇%
・役員クラスには危機意識九〇%、夢やロマン一〇%

たとえば、いまの日本の経済状況についてのとらえ方といったテーマを取り上げるのであれば、一般社員向けには危機感をあおるような内容はできるだけ避けて、夢の持てるテーマを中心に話を進めていく。

具体的には「日本の経済が少々おかしくなったとしても、やることさえきちんとやっていれば大丈夫。むしろ同業他社が消極的になっているので、シェアを伸ばす絶好のチャンスだ」といった伝え方をする。表現もわかりやすい言葉を選んで、笑顔も絶やさない。このようにする理由は、トップが直接一般社員に危機意識を強く訴えすぎると、社内や職場に悲壮感が漂いはじめて自信を失わせたり、積極性や意欲に歯止めをかけてしまうなど、かえって逆効果になってしまうからだ。

だが、これが管理者、役員クラスとなると、取引先の与信管理は万全か、回収の面で問題は発生していないか、為替変動への対策は、国内、海外のマーケットはどのように変化しつつあるのかといったように、ストレートに核心に触れ、問題点をピックアップして対応策を提案させて、即決していく。内容をとことんシビアにすることによって、危機感を前面に押し出していく。このように幹部に危機感を植えつけていけば、自然に下に伝わっていくので、あえて一般社員にはトップが強調する必要はない。

こうした使い分けをできるかできないか、これで人や組織が動くか動かないかが決まる。

24

会議だけでは現場や人は動かない

組織が急速に大きくなると、随所でさまざまな問題が噴出してくる。

バブルの時代には、土地や株などの価格が急騰したために企業や個人の資産が膨らみ、多くの日本人は実際に現金を手にしたわけでもないのに、みんながお金持ちになったような気分になっていた。組織も急成長するとこれとよく似た現象が起こってくる。本人の実力や能力は少しも向上していないのに、肩書だけが立派になり、あたかも偉くなったかのような錯覚に陥ってしまう。

こうした弊害の筆頭が、会議の回数ばかりが増えてくるということだ。要するに、いろんな物事を会議で決めて、これだけで人を動かしていこうとする傾向が強くなってくる。しかし、メーカーにとってはこれが致命傷になってしまうことがある。

わたしは会社の利益を生み出すのは製造部門、会社の将来を決定づけるのが技術開発部門だと考えている。すなわち、メーカーにとって会社の命運を決めるのがこの二つの部門だ。

この現場を無視して、会議だけで現場や人を動かそうというのは犯罪行為にも等しい。こうした姿勢は徹底して排除していかねばならない。会議をする時間があるなら、一度でも多く現場に足を運び、現物を見て、現物に触れて、現場で判断する。この基本を忘れたメーカーに未来はない。

組織が急成長した結果、招きやすいもう一つの弊害が、安易な外注に頼りがちになるということである。設備投資を行って、工場やラインを自前でつくる。そして社内で研究開発、設計を行って、製品をつくる。同時に品質管理、品質保証の思想を確立して実践していく。これがメーカー本来のあるべき姿である。

にもかかわらず、組織が大きくなると、この部分で手を抜いてしまいがちになる。その大きな理由は、まず設備投資をするよりも外部に依頼した方が安上がりにできるということ。さらに人も少なくて済むし、何よりも管理がしやすいのである。しかし、こうした考えを持てば社外に自社のノウハウが流出し、メーカーとしての手足をもぎ取られたも同然の状態になってしまう。

「現場・現物主義に徹し、モノづくりのすべてを自前でやっていく」というのは、わたしの揺らぐことのない信念である。日頃から、このことは幹部社員の耳にタコができるくらい繰り返し訴え続けている。

25

部下の提案に「しかし」をつけるな

「やる気のある人間」というういい方をするが、わたしはすべての人間はやる気を持っていると考えている。たとえば、パソコンに熱中している人、わざわざ球場や競技場に出かけていって声をからしてひいきのチームを応援する人、休みの日に朝早く起きてマイカーをピカピカに磨き上げる人……。彼らは、誰から命令されたわけでもないのに自主的に、しかも嬉々《きき》としてやっている。

本来、人間は働き者のはずである。ところが、現実にはこの働き者の人間が動かなくなってしまう場合の方が圧倒的に多い。その大きな原因は、会社の仕組みと上司の意識に問題があるからだと、わたしは考えている。

若い部下が、「ここは頑張って一花咲かそう」と前向きの企画や提案を上司にぶつける。ところが上司は、何やかやと理由をつけて反対する。わたしは、日本電産を創業するまでに二つの会社に技術者として、お世話になったが、こんなことの連続であった。

たとえば、「部長、この間新製品を発売した競合メーカーに対抗して、わが社でもこういうモータを開発しないと競争に負けてしまいます。図面がここまでできているので、試作品をつくることを許可してください」とわたしは上司に提案する。ところが、返事は決まって「君のいいたいことはよくわかる、しかし……」と、いつも「しかし」がつくのである。そして、「それよりも、いま大量に注文のある換気扇、テープレコーダーのモータ、これに力を注ぐのが先決だ」となる。上司がこんな意識では、いくらやる気のある部下でもそのうちにやる気を失ってしまう。わたしの場合は、それでもへこたれずにその上の上司、そこでダメならさらにその上の上司へと持っていく。そのためにいたるところで上司と衝突し、二社とも辞表を提出するという結果となった。

こうしたわたしの経験から、わが社では二〇歳代の社員に、他社なら三〇歳代、四〇歳代の社員がしているような仕事を任せる一方で、何もしない、いわれたことしかできない社員より、チャレンジして失敗した社員、自主的に能動的に行動した社員、前向きな提案を行った社員を高く評価する方針を貫いてきた。また、わたし自身が強いリーダー、チャレンジ精神の旺盛な幹部社員を育成していく先頭に立っている。当然すぎることだが、社員のやる気を引き出す最大のポイントは、その仕組みづくりと管理者の意識改革だ。これが経営者の仕事のすべてだといっても過言ではない。

26

部下の将来を具体的な数字で見せろ！

「君は仕事と家庭とどちらが大切だと思う？」

わたしは、ときどきこんな意地悪な質問を独身社員にしてみることがある。

わが社のようにハードワーキングのイメージがある会社では、いずれ結婚すると奥さんからこの手の質問を受けるのは必至だからである。人間には本音と建前があるし、まだ家庭を持った経験がない彼らの答えをそのまま鵜呑《うの》みにするわけにはいかないが、まだ仕事に充分な手応えを感じていないと思われる社員ほど「家庭」と答えることが多い。いずれの答えが返ってきても、「両立させる必要性」を次のように説く。（編集部注：二〇一六年に働き方改革の一環として生産性を倍にし、結果として残業ゼロをめざす宣言をした）

「いまウチの会社では、入社して一〇年すると仕事で頑張った社員とそうでない社員とでは、給料で倍ぐらいの差がつく。二〇年なら三倍になる。これからは、その差ももっと開いていく。日本電産は年功序列ではないが、一度差がつくと後になって何倍も努力しないと、その差は縮まらない。本当に家庭を大切にしたいと思うのなら、毎月の収入は少ないよりも多いに越したことはない。しかも、係長で定年を迎えたのと部長で定年を迎えたのとでは、退職金でこれぐらいの差がつく。老後のことを考えたらこの差は非常に大きい。だから、いまのうちにしっかりとした計画を立てて、仕事に打ち込む時期と家庭サービスに徹する時期をある程度決めてしまえばいい。そうすれば、必ず両立できる」

案外見過ごされがちだが、これは社員の職業観とも密接に関係してくる重要な問題である。いまの若い社員は何でもわかっているような顔をしているが、このあたりのことはほとんどわかっていない。会社に来ていれば給料はもらえるし、将来も漠然と何とかなるだろうぐらいにしか考えていない。だからこそ、いまから頑張れば一〇年後にこれだけ、二〇年後にこれだけ、定年後にこれぐらいの生活の違いができることを、具体的な数字をあげて説明してやる必要がある。わたしの考える最もすばらしい人生とは、来る日、来る日が過去の人生のなかで最良の日であると実感できる、すなわち昨日より今日、今日より明日がより充実していることだ。同じところに止まっていては、これを感じることはできない。

われわれの学生時代には友人たちとこうした話を盛んにしたものだ。いまの若い人は仲間内ではこういった話をしないようだが、関心がまったくないとは思わない。こうした話をするには、上司の方から胸を開いていくべきであろう。

27

絶対忘れてはならない、指示を出す手順

わたしは「会社は終わりのないドラマ」だと思っている。最初はまったくの白紙の状態から、スタッフを集めてどんなドラマをつくるのかというイメージを描き、シナリオをつくってキャストを選んでいく。テレビのドラマなら本番が終わればそれですべてが終了するが、会社の場合はエンドレス。毎日がリハーサルと本番の繰り返しだ。

各部門や社員一人一人には、ドラマと同じように役が与えられる。その役を見事に演じ切った人は喜びや満足感も大きくなるが、それよりもはるかに大きい感動は、全員の心が一つになって、自分たちの演技に自分たちで酔いしれてしまうことであろう。

しかし、なかに一人でも、「どうせつくりものなのだから」と手を抜いたり、イヤイヤやる人間がいると、それですべてがぶち壊しになってしまう。こんなところも会社とドラマの共通点である。

では会社における部門の役割とは、いったい何か。それを永守流にまとめたものが、次の

「会社各部門の役割」である。
・利益を生み出すのは製造部門
・会社の将来をつくり出すのは技術開発部門
・会社を成長させるのは営業部門
・よい会社に導くのは間接支援部門
・会社を強くするのは経営者
エッセンスだけを凝縮し、簡潔明瞭にまとめた。各部門のリーダーはこの短いセンテンスの上っ面だけではなく、奥にある深い意味も読み取ってほしい。

たとえば、製造部門は利益を生み出すとなっているが、そのためには価格やコストダウンはもちろんのこと、品質や納期、ヒト、設備、他部門との連携なども含めて利益アップを図っていく必要があるということだ。

まずは、言葉の意味を正確に理解する。そして、自分なりの解釈を加えて部下一人一人の仕事のなかに落とし込んで、具体的に何をすべきかの目標を与えて、指示を出す。指示も出しっぱなしにするのではなく、進捗具合のチェックやフォローも行い、目標を達成するまで見届ける。これがリーダーの本来やるべき仕事で、目標設定や指示が適切であれば部下は必ず動く。この手順を忘れてはならない。

28

反対されそうな指示を与えるときの、わたしのやり方

成長のための時間を買う。わが社の主力であるモータ事業で、世界中のあらゆるニーズに応えていこうと思えば、どんどん工場を建て、設備を導入し、人を育てて、技術やノウハウを蓄積していかねばならない。しかし、これには長い年月を要する。わたしがもう二〇歳も若ければ、何としてでも一からやりたいところだが、それだけの時間的な余裕がない。わたしがM&Aをフルに活用して、事業の拡大を図っている理由はここにある。

これまで、毎年数社というペースで企業を買い取って傘下に収めてきた。そのなかには日本を代表する大企業の系列会社や、長い歴史と伝統のある会社も珍しくない。わたしは、買収して一年から二年の間にこうした会社に対してわたしの考え方、つまり永守イズムを浸透させることで、大改革、大改造を行ってきた。

利益の出ていなかった企業は利益が出るようにし、売れる商品のなかった会社では売れる新しい商品をつくり、不良率の高かった工場では不良品を激減させた。といっても、日本電

産から新役員を送り込んだり、人員整理などの外科手術はやらない。基本的には漢方薬と心理療法、つまりトップ、役員を含めて社員構成は従来のままで、再建に取り組んできた。

ここに、わたしの人を動かす、あるいは組織を動かす思想のすべてが凝縮されている。その基本はフェイス・トゥ・フェイス。わたし一人が乗り込んで行き、役員を集めて彼らにわたし自身の言葉で語りかけ、わたしの経営や人事、品質やモノづくりに対する考え方をストレートに伝える。それからすぐに現場（主に工場）に行き、わたしの考え方に沿って問題点をピックアップし、思い切った改善テーマを設定する。そして改善の責任者と期限を決め、ただちに実行に移していく。

彼らにとってはこれまでのやり方を一八〇度近く転換するのだから、当然大きな抵抗もあるし、拒否反応を示す者もいる。そこで最初は、わたしの考え方、やり方に一番共鳴してくれそうな人物、核になりそうな人物を見つけ、強力なサポートを行って、とにかく結果を出すことに全力を注ぐ。そのとき、あれこれ欲張るとすべてが中途半端になるので、ここでは一点突破主義でやるのがポイントだ。必達するという意志さえあれば、これはそんなにむずかしいことではない。ここで誰の目にも明らかな成果さえあがれば、放っておいても同調者が増える。組織、特に歴史や伝統のある企業ほど、上層部の意識が変わると下の意識も急激に変わって、相乗効果が生まれてくるものである。

29

自信をつけた者は「踏みつけ」、自信のない者には「感動」を与えよ

人づかいの下手な管理者というのは、部下との接し方が本来やらなくてはならないものと正反対になっていることが多い。たとえば、仕事に対する自信が生まれ、十二分の成果があげられるようになった部下を、チヤホヤして甘やかす。反対に、ミスや失敗をして自信を失いかけている部下や、まだ自分のやり方に自信が持てないでいる部下をボロクソに叱ったり、無能呼ばわりをする。

この結果がどうなるのかといえば、自信を持った部下はチヤホヤされて自信過剰となり、新しいことに挑戦しようという意欲も削がれて、結局はダメになってしまう。一方の自信を失いかけている部下、まだ自信が持てないでいる部下には、ガンガン文句をいったり、やることなすこと注文をつけたりするので、ますます自信を喪失させてダメにしてしまう。そして、こんな管理者ほど「部下のできが悪い」「部下が育たない」などと嘆いている。わたしは、これらははっきりいって犯罪行為にも等しいと思う。

人を動かす秘訣は、麦踏みと同じ要領だと考えればよい。

すなわち、麦がしっかりと根を張りはじめたなら、踏みつけてさらにたくましくする。具体的には、新しいテーマを与えてどんどんチャレンジさせ、従来とは異なる可能性を引き出し、より大きな自信をつけさせてやる。本人の成長のためにという気持ちさえベースにあれば、少々叱ろうが、難問を与えようが、必死になってついてくるはずである。

だが、まだ充分に根が張っていない麦の芽を踏みつけてしまうと、すぐに腐らせてしまうことになる。かといって、時間さえ経てば自然に根が張るというものではない。麦には肥料を与えないといけないのとまったく同じで、人には感動、感激という肥やしをやることで、自信というたくましい根が張るのである。

先にも述べたが、小学校四年生の理科の時間に、コイルを巻いて簡単なモータをつくる実験で、わたしのつくったモータがクラスで一番よく回ったので担任の先生がえらく褒めてくれた。この感動以来、わたしの頭のなかにモータという機械がこびりついて離れなくなった。また、高校時代に弁論大会で優勝して、クラスメート全員に祝福された感激のシーンは、いまでもわたしの脳裏に焼きついていて、これまでに挫《くじ》けそうになったときには、必ずそのことを思い出した。人づかいに自信のない管理者は、まず部下と感動、感激を共有するところからはじめるべきであろう。

3章

叱り方、褒め方①

——人を動かすこのノウハウ

30

成果をあげたら少し過大評価をしてその気にさせろ！

自信はしばしば本人の能力以上のパワーを引き出す原動力になることがある。では、部下に自信をつけさせるためには、どうすればよいのか。

ズバリ、成果をあげたときに少し過大に評価してやることである。特にこれはキャリアが浅いときほど効果が大きい。

このために、以前わたしが行っていたのは次のような方法であった。新入社員の営業マンが初受注したときに、わたしがその新人に同行して、受注先にあいさつに行くのである。「君はすごいなぁ。入社して五カ月で初受注か。これまでの最短記録だ。この調子で行くと恐ろしい新人が誕生するかも知れないなぁ」と道中の車や電車のなかで受注できたことを一緒に喜び、かつ褒めちぎるのである。だが、見え透いたお世辞やおべんちゃらなどは逆効果になる。あくまでも事実に基づいた褒め方をすべきで、それがなければ「よかった、よかった」を連発するだけでも充分だ。

道中で褒めちぎったこと、そして新入社員が社長を引き連れてきたということで、受注先に着くころには、新入社員の背筋は伸び、あいさつの言葉にも一段と力がこもっているのがわかる。

わたしがついて行ったので、先方も社長が出てこられる。新入社員が普段はまず会えない受注先の社長と名刺交換ができるので、少し得意気である。お礼をいってその会社を後にし、「メシでも食おうか。今日はわたしのオゴリだ。好きなものを注文したらいい」と近くのレストランに入る。

今は、とてもこんな時間はとれないので、メールで褒めちぎることで勘弁してもらっているが、このメールを新入社員が何度も何度も読み返している、と上司から報告が入ってくる。

部下に自信をつけさせるのに、あまりあれこれ余分なことを考える必要はない。部下が何か成果をあげたときに一緒に素直に喜び合い、ストレートに褒めて評価をしてやればよいだけのことである。

一方、なかなか成果をあげられない部下なら筋道をつけてやるとか、本人には内緒で根回しやサポートもすべきである。しかし、部下に自信を持たせるのだから、自分の力で成果をあげたというカタチにしなくてはいけない。これを繰り返し繰り返しやっていく。人を動かそうと思うのであれば、これぐらいの努力と工夫が最低限必要である。

31

相手をこき下ろして闘争心に火をつける方法もある

順風満帆なとき、人間の強さや弱さには目に見えるほどの大きな差はない。しかし、苦境に立たされたとき、挫けそうになったときにそこから逃げ出そうと考える人間と、その場に踏み止まって立ち向かっていこうとする人間との差は、五倍や一〇倍ではない。後になれば、一〇〇倍以上の差がついてくると思う。

そうした人間の闘争心に火をつけるのは、やさしい言葉をかけたり、激励してやることとはかぎらない。相手によっては、暴言ともとれるようなこき下ろしが効を奏する場合もある。そんなエピソードを紹介しておこう。

創業して数年目ぐらいだったと記憶している。新卒で入社してきた社員の一人が、一年も経たないうちに辞めたいといってきた。理由を尋ねてみると、どうしても学校の先生になりたいのだという。

普通は、新入社員に対してはボロクソにいったりはしないのだが、彼は同期のなかでは見どころがありそうだと思っていた社員の一人だったので、わたしはあえて次のようにこき下ろした。

「先生になりたい？　生意気なことをいうな。わが社でたった一年も我慢できないような根性のない人間が、厳しい試験に受かるはずがない。もしもなれたら君の前で逆立ちしてやる。だから、もしも先生になれたら、わたしのところへ真っ先に連絡してくれ」と……。

翌々年、彼はニコニコしてわたしのところへやってきた。そして、

「社長、約束やから逆立ちしてください」

といった瞬間に、彼の目から大粒の涙がこぼれた。

「試験に合格しました。思っていた以上に辛くて、何度かあきらめかけました。すると、社長の『君みたいな根性なしが、先生になれたら、逆立ちしてやる』といった顔が浮かんでくるんです。それで、必死に頑張って、やっと受かりました」

最後の方は声にならない。涙で顔をクシャクシャにして、「ありがとうございました」を連発し、何度も何度も頭を下げて帰っていった。

残念ながら彼の場合は、わが社でその力を発揮してもらうことはできなかったが、別の世界で活躍している。いまでもたまに電話をかけてきてくれることがあるが、その声からも、年々たくましくなってきていることがわかる。

32

やる気を出した男、出せなかった男のこの考え方の違い

日本電産が会社としてようやく軌道に乗りはじめたのは、創業して五年目ぐらいからであった。その後もかなり長期にわたって、設備、資金、人材不足に悩まされ続けた。必死の思いをして注文をとったが、数量がまとまると機械や人がすぐに足りなくなった。大口の注文が入ると、どんな工場が必要で、機械はどういうものがいるかというところから手をつける。人も組み立てに二名、旋盤に三名足りないから、大急ぎで採用しようといった具合だった。

まったく余力がないうえに、募集をかけても人がロクに集まらない。そこで応募者はとにかく全員採用という無謀なことも何度かやった。そうしたなかで、特に印象に残っている二人の対照的な人物がいる。

一人は、有名な大学を卒業し、その気になればかなりの能力が発揮できたと思うが、生まれついての強いコンプレックスがあり、それが後ろ向きの発想となってすべての面にあらわれてくるタイプだった。これさえ克服できればと考えたわたしは、日曜日になると彼を自宅

に呼び、朝の一〇時から夜の一〇時までかけて説得に努めた。それで、何となくわかったという意思表示をするのだが、翌日になると元の木阿弥《もくあみ》になっている。これを何回となく繰り返したが、結局はわたしが根負けをしてギブアップしてしまった。それからしばらくすると、彼は会社に出てこなくなった。

　もう一人は、仕事に対する情熱が乏しく、勤務時間が終わるといくら仕事が溜まっていようが、さっさと帰ってしまうタイプで、普段から「辞める」「辞めたい」が口癖になっていた。その彼がスキーに行って足を骨折し、病院に入院した。見舞いで病院を訪れると、わたしの顔を見るなり泣き出した。理由を聞くと、担当の外科医から「足を切断しないといけない」と宣告されたらしく、生きていく希望も何もないようなことをいう。わたしは、「あきらめずに、気力をしっかりと持て。捨てる神があれば拾う神もある。足を切る以外に道がないとあきらめると、そうなる。まだ方法があるはずだ」と励ました。わたしもあれこれとあたってみたが、しばらくすると彼は自分で捜し出してきた鍼灸院に通いはじめ、足を切断したり、手術することもなく完治させた。以来、わたしの顔を見ると「社長、やっぱり気力がないと、どんなこともうまく行きません」と話しかけてくる。スキーやサッカーをはじめ、スポーツや遊びには目のなかった彼だが、この事件以来「仕事の鬼」に変身した。こうした立ち直りのきっかけを与えるための努力も経営者、管理者にとって欠かせない要件である。

33

大きな成功体験には大きな報酬を

成功体験がその後の社員や部下の行動や考え方に大きな影響を及ぼすことは、再三再四、述べてきた。しかし、ただ成功体験を味わいさえすればよいというものではない。やはり、この体験に成功報酬が直結していることも非常に重要なポイントとなる。わが社は、早くから能力給中心の賃金体系を採用し、給与総額に占める年齢給などの割合は、他社と比べるとずいぶん低くなっている。

能力給という面から見ると、入社一〇年で約二倍、入社二〇年で約三倍の開きが出てくるが、わたしは入社一〇年で三倍、二〇年で五倍ぐらいの開きがあっても当然だと考えている。だが、これは社員の充分な納得が必要になるので、急激にではなく、徐々に改善していきたいと思っている。

給与面については、若い社員の意識はかなり変わってきているが、これまではどちらかといえば、金銭を前面に出して云々するのはタブー視される傾向にあった。しかし、世界のなかで競争していこうとすると、覆い隠してばかりはいられない。もちろん、会社に対する帰属意識などの違いがあって一概にはいえないのだが、総じて欧米企業などに比べると日本の成功報酬はかなり見劣りがする。

つまり、相手が毎日ステーキを食べているのであれば、こちらも同じものを食べ、ライバルが庭つきの家に住んでいるのであれば、われわれもそれに合わせていかなければ、土壇場での勝負になったとき少なからず影響が出てくるだろう。また、優秀な人材や頭脳が外資系に流出するなど、さまざまな問題が噴出してくるのは必至である。

そこで、賃金の全体的な底上げを図るなどで、金銭的にも恵まれた環境を整備すると同時に、成功報酬に対する考え方も大きく転換させていくことが重要となる。

そうした経緯で一九九六年にわが社が導入したのが「利益貢献大賞」である。これは、社員が新製品の開発、新規開拓、あるいは創意、工夫、改善のための実践や提案を行って、会社の利益に貢献したときに、その都度利益に応じて報奨金を支給し、表彰する制度だ。

ちなみに報奨金の金額は、「ダイヤモンド特別賞＝一〇〇〇万円」「金賞＝五〇〇万円」「銀賞＝三〇〇万円」「銅賞＝一〇〇万円」となっている。

このように成功体験をよりダイレクトに報酬に結びつけていくことも、社員のやる気、意欲を喚起するための要素になってくるだろう。

34

加点主義の風土がやる気を生み出す

人間はしばしば失敗をする。会社経営はこれを前提にしなければ、社員のやる気やチャレンジ意欲を喪失させてしまうことになる。

たとえば、幹部社員が提案を行って積極果敢に新しい事業に取り組んだ。だが、周囲の状況、環境も芳《かんば》しくなく結果的に事業に失敗し、会社も少なからず損害を受けてしまったとしよう。このとき、この幹部社員に対する評価のやり方は大きく二つに分かれる。

一つは、失敗を汚点だととらえてマイナス評価、すなわち減俸や降格を行うことによって幹部社員の責任を徹底的に追及するやり方。もう一つは、新規事業を提案したこと、そして先頭に立って新規事業に取り組んでいった積極性の二点をプラス評価し、事業の失敗については多少の叱責はあっても、お咎《とが》めは一切なし。それよりも事業に失敗した原因をすみやかに究明し、教訓として残す。失敗した幹部社員には、会社に貴重な教訓をもたらした功績を認めて、再チャレンジする権利を与える。

前者は減点主義、後者は加点主義と呼ばれているが、もちろんわが社の場合は後者。それも徹底した加点主義を貫いている。評価はまずゼロからスタートし、わが社の三大精神に則《のっと》って仕事に取り組んだり、行動したときにプラス評価が行われる。何もしない、いわれたこと以外はやらないのであれば、評価はいつまで経ってもゼロのまま。そして、一度カウントされた得点を減点することはない。減点主義をとれば、何もしない社員や、いわれたこと以外はやらないという社員の方が、積極的に仕事に取り組んで失敗した社員よりも、はるかに高い評価になる。これほど理不尽なことはない。

また、減点主義を採用している企業の多くが、「いい出した者が損をする」体質になっているケースが多い。どういうことかといえば、部下が前向きな提案を行ったとすると、上司は賛成するが責任はかぶりたくないからフォローなどはしない。そして、成功すれば手柄は上司が独り占めし、失敗すれば部下は責任だけを押しつけられる。こうなるのは上司に個人的な問題があるというよりも、システムそのものに欠陥があるからだ。

こんな風土のなかでは、頑張って新しいものをつくり出そうとか、みんなで協力し合ってもっと大きな目標にチャレンジしようといった雰囲気は生まれてこない。それどころか、水面下での足の引っ張り合いが横行するだけだ。システムの不備、これこそ経営者の重大な責任問題であろう。

35 手紙やファックスで人間的な絆を深める

いまや携帯電話はビジネスマンだけではなく、若者の必携アイテムとなっている。街なかでも、電車のなかでも携帯電話に向かって話しかけている。このような電話人間であるはずの若い世代に、ことビジネスとなるとうまく電話が使えない人が多い。電話が使えないといったが、正確ないい方をすると、相手に自分の意思が正しく伝えられないということだ。

極端な例では、電話で一五分、二〇分としゃべっておきながら、最後には「これから伺います」といって受話器を置くといったこともあるようだ。経営者の立場になると、こんなことも笑い話では済ませられない。

こうした結果になる原因は、大きく二つある。一つは、事前の準備ができていないということ。電話があまりにも身近な道具になりすぎたため、何も考えずにいきなり電話をかけはじめてしまう。これでは、うまく電話が使えるはずがない。たとえば、「わたしはスピーチが苦手で」という人がいる。謙遜ではなく実際にスピーチの下手な人というのは、たいていい練習をしていない。電話も同じで、前もってどういう内容の話をどういう順序でするのかぐらいは、メモにしておくぐらいの心構えが必要となる。

もう一つの原因が、普段から手紙や文章を書く訓練ができていないということである。手紙や文章を書かないために、言葉づかいや言葉そのものを知らないのである。友人や恋人と話をするのなら、一〇〇か二〇〇のボキャブラリーでも充分話は通じるだろう。しかし、ビジネスの世界では通用しない。言葉そのものを知らないのに、電話のかけ方はこうだ、電話がかかってきたときはこうしなさいといってみてもはじまらない。

かつてわが社では、わたしが率先して手紙を書いていた。社員を褒めるとき、叱るとき、あるいは電話をすれば一分で済むことでも、わざわざ手紙にすることも多かった。また、現場の各責任者には毎週ファックスでレポートを送らせ、その返事もせっせと書いた。また、年に三回、昇給時と夏冬のボーナスを支給するときにも、全社員に自筆の手紙を書いて、そのなかで社員を褒めちぎった。

スピードばかりが優先される現代社会であるが、すべてに「ズバリ」が賢明とはかぎらない。手紙だからこそ深まる人間的な絆もある。いまわたしは改めて、手紙、文章を書く重要性を社員に訴えていこうとしている。

36

相手の土俵にあがって、自分の相撲をとる方法

人を動かすのが苦手だと思っている人の多くが、人を動かすのはものすごくむずかしいことのように考えていたり、人は動かないものだと決めつけているようだ。だが、少し発想を変えると、意外と簡単に人は動いてくれるものである。

人間は誰でも社会や人の役に立ちたいという気持ちを持っている。世の中が何となくギスしているせいか、こうした気持ちを表には出さずにできるだけ覆い隠そうとしたり、失いかけている人も増えつつあるかも知れないが、基本的なところは大きく変わってはいないと思う。

大事なことは、人の役に立ちたいと考えている相手の気持ちのなかに飛び込んでいこうとするだけの情熱があるかどうかである。ここでポイントになるのは、「ギブ・アンド・テイク」の精神だ。人を動かそうと思うなら、まず自分が相手のために動く、あるいは相手の役に立ちたいという意思表示をすべきである。とはいってもストレートに口には出しにくい。

そこで、こちらから自分のプライベートな部分をさらけ出すなど、積極的に話しかけていったり、いろいろ問いかけをして相手の話にじっくりと耳を傾ける姿勢を示す。ここまでが第一段階である。

第二段階では、褒めながらアドバイスをしたり注意を促す。たとえば、もう少し頑張ってほしい部下が相手なら、「君はあれだけ熱心に仕事をしているのだから、これぐらいの実績では満足できないだろう。君の実力からすると、いまの目標が少し低すぎるんじゃないか。もっと目標を高くしても充分にやっていけるはずだ」といった具合になる。また、ケアレスミスが目立つ部下の場合なら、「君ともあろう人間が、こんなミスをするのは信じられない。君にはみんなが大きな期待をかけているんだから、何度も続くとみんなもガッカリする。仕事が終わった後でもう一回見直しておくだけで、ミスは少なくなるはずだよ」といった風に注意する。同じアドバイスをするにしても、自分の立場がこうだからという話し方をしたり、ストレートに「こんなことではダメだ」といい切ってしまうと、部下も心を閉ざしてしまう。

第三段階以降は、それぞれの個性に応じて一人一人やり方が違ってくる。といっても、集約すると五、六通り。そのすべてに共通しているのは、相手の土俵にあがって自分の相撲をとるということ。つまり、あくまでも主役は相手で、それを引っ張っていくのが自分だということである。

37

「求められる人材」――五つの究極的条件

幹部候補の研修会用としてつくったレジュメの一つに、「求められる人材とは」とタイトルをつけたものがある。これは、わたしの経営者人生の集大成といえるもので、

一．野心のある努力家
二．プライドのある情熱家
三．やり抜くネアカ
四．負けず嫌いの耐心家
五．経営感性を持つ細心家

という五つの条件を掲げている。最初に断わっておくが、このうちの一項目にでも該当するような人材は、恐らく数百人採用しても一人いるかいないか。一人いれば御の字だと考えているので、ほとんど理想に近いと解釈してもらったらいいだろう。

なぜなら、几帳面な人ほど融通が利かないのと同じで、大きな野心を持っている人間ほど

努力をしない。プライドの高い人間ほど一つのことに情熱を燃やせない。また、物事に執念を持って取り組む人間ほどオタク的な性格を持っている。さらに、負けず嫌いな人間ほどキレやすく、我慢することができない。そして、経営感性にすぐれている人間ほど大雑把で、デリカシーにも乏しい。しかし、野心家が努力すれば鬼に金棒だし、すばらしい経営感覚の持ち主が人の心を打つような気配り、心配りができるようになれば人望は集まり、放っておいても部下はついてくる。わたしはこうした人材に将来の日本電産を背負ってもらいたいと考えているので、入社一〇年目ぐらいの、まだ荒削りではあるがキラリと光る素質を持った社員に対して、特別に研修会を実施している。

そして、「君は一生懸命努力するタイプだから、もう少し野心を持て」とか、「君の負けず嫌いは社内でも有名になっている。これはこれで残して、もう少しでいいから辛抱することを覚えると、一〇年もするとすばらしい経営幹部になれる」といったように、一人一人にこのレジュメを見せながら、個々にアドバイスをしていく。ここまでやると、彼らは充分に納得し、「頑張ります」と答えてくれる。

人を動かすというのは、強権を発動して自分の命令通りに動くロボットやイエスマンをつくることではない。本人の成長を第一に考えて、そのことと会社の発展とを絡み合わせた的確なアドバイスを行ったとき、人は自分の意志で行動を起こすようになる。

4章

可能性を秘めた人間を見抜く、育てる

38

仕事も人材も、ベストを求めずベターを追求せよ

わが社には九〇点、一〇〇点満点の人材はいない。若干ひいき目に見ての点数だが、六〇点ぐらいの人材ばかりが揃っている。なぜ六〇点かといえば、競争相手よりも開発力や営業力でほんの少しだけ上回っているからだ。メインの商品がモータ（精密小型モータと呼んでいる）ということもあって、現実にはライバルに大差をつけるのはむずかしいのも事実だが、平均点でほんの少しでも上回ってさえいれば、グローバルな競争にも勝てるということだ。

つまり、「ベストを求めず、徹底的にベターを追求する」というのがわたしの経営哲学であり、人材面でもこの精神を貫いてきた。たとえば新卒の採用なら、世間で評価の高い一流の学校から順に採用していく企業もあるようだが、わが社の場合はまったく関係がない。成績そのものも参考程度で重視していない。では、採用の基準をどこに置いているのかといえば当社の『三大精神』すなわち「情熱・熱意・執念」「知的ハードワーキング」「すぐやる、必ずやる、出来るまでやる」の真の意味を理解し、実践できるかどうかである。

いくら勉強ができても、夕方早々と退社してしまう、あるいは、一流の学校を卒業する予定であっても、将来の確たる目標がないといった人物は、わが社には不向きだ。これまでの結果を見ても、学校の成績が優秀だったというだけで採用したのは、まず育っていないし、途中でギブアップして辞めた者も多い。反対に、現在、ものの見事にわが社の主人公になっているのが、数十年前に行った「早飯試験」で採用した連中だ。ちなみに早飯試験というのは、メシを食べるのが早いか遅いか、これだけで採用を決めたのだ。この年の応募者は一七〇名。このなかから面接で絞り込んだ約七〇名に昼食を食べてもらい、早く食べ終わった順に三三名を無条件で採用した。この理由は、飯を早く食べる人間は何をやらせても早いに違いない。しかも好き嫌いなく何でも食べられるのは健康な証拠である、といった仮説に基づいた採用試験であった。わが社は、これ以外にも「大声試験」「便所掃除試験」など、世間から顰蹙《ひんしゅく》を買うような試験を行ってきたが、一番成功したのがこの早飯試験であった。

人を教育するにしても、動かすにしても、わが社であればわが社の精神に沿った素質が本人になければ意味がない。わが社の六〇点主義は、すなわち「一人の天才よりも一〇〇人の協調できるガンバリズムを持った凡才によって会社は支えられなければならない」という考え方に起因している。成績が優秀であるよりも、三大精神を実践できる素質を持っていること。これを見極める方法の一つが早飯試験だったのである。

39

成績よりも、トップのポリシーに共感できる人を使え

もちろん一部の例外はあるが、学校の成績と仕事のうえでの能力はイコールではない。わが社では、これまで数え切れないほどの新卒社員を採用してきたが、この経験からも確信を持って断言できる。

先にも紹介した大声試験や早飯試験、便所掃除試験などを実施したときに、応募者からあずかった成績表は、封を開けずにそのまま金庫に入れて保管した。そして二年後に取り出してみたのだが、結果からいうと成績の優秀な人をずいぶん不採用にしていた。逆に、成績表を見て採用を決めたのであれば、真っ先に落としていたであろうという人物が、多数入社してきていたのである。

「○○君は実によく頑張ってくれています。営業成績もずば抜けているし、最近は技術の勉強も熱心にやっています」と上司から報告を受ける当人の学生時代の成績が、こんな見るも無惨なものだったとは……。このような信じられないことの連続であった。

要するに、わが社にとっては第三者の評価である学校の成績を基準にするのではなく、経営者のポリシー、つまりわたし自身の考えにしたがって採用の基準を絞り込み、このベクトルに採用する人材を合わせようとしたのだ。もう少し正確にいえば、こういう人を入れたいというよりは、こういう人には来てもらいたくないという人物を最初からオミットしてしまおうと考えた結果が大声試験であり早飯試験だったのである。

「えっ、もう一度いってくれ。よく聞こえなかった」といわれる人や人前で自分の考えをはっきりと主張できない人はわが社にはいらない。何をするにものんびりしていてほかの人の何倍も時間がかかるというのも、わが社には合わないタイプだという発想だった。

しかし、この採用法には意外な効能があった。当初は気づかなかったのだが、何年か同じような発想で採用を繰り返していくと、基本的な考え方や行動の仕方に共通点のある人材が多く集まってくる。考え方や行動する原点が似通っているので、必然的にそうなっていくのである。もちろん、人それぞれに考え方も個性も違っているのだが、クロスオーバーする部分が大きければ大きいほど、短時間で通じ合うことができる。

そこそこ成績がよくて、柔軟性があり、国際感覚を備えていて、チャレンジ精神も旺盛。こんな幻想に近い採用基準を設けるよりも、「社長のポリシーに共感できる人」とした方が、はるかに大きな戦力になるはずだ。

40

ハングリー精神を持った人材をどう見分けるか

経営とは判断することだといわれるが、そのなかで最もむずかしいのが人間の判断、すなわち人を見分けることであろう。たしかに、三〇分も話をすれば相手の考え方、人柄、性格などおおよそのことはわかる。しかし、それは決定打となるものではない。たとえば、次のような場面を想定してみると話がわかりやすいと思う。

中途採用をするときに、二人の応募者が最終選考まで残った。定員は一名。二人のこれまでのキャリア、人柄、そのほかの面でも甲乙をつけがたい。だが、わが社にとって将来を左右する大事な部門や仕事を任せていくことになるので、慎重に人選を行いたいといったようなケースだ。わたしは、こんなときには二人を食事に誘う。なぜなら、一緒に食事をしてみると、面接にはあらわれない、その人物の隠れた部分を垣間見ることができるからである。

わたしは、食事をした観察結果から、その人物を大きく次の二つに分類する。

一つは、創業経営者タイプだ。このタイプは、少なからず苦労を経験しているので、たとえ嫌いなものでも、出されたものは残さずに最後まで食べるし、食べるのも早い。どちらかといえばガツガツとした感じで、音をたててスープを飲んだり、マナーや上品さにもやや問題があることが多い。もう一つは、二代目経営者タイプである。こちらの方は、創業者タイプとは正反対で、あまり苦労もせずに甘やかされて育ってきたため、好き嫌いが激しく、嫌いなものは平気で残す。食べる順序も、自分の好きなものからハシをつけていく。食事のマナーもきちんと守られ、充分に時間をかけて食事をするため、食事中の会話もはずむ。

結果は、新卒者ならまだしも、中途採用に人材を求めるのであれば、絶対に創業経営者タイプを選ぶべきである。理由はハングリー精神。経済的な豊かさとは別の意味でのハングリー精神があるかどうかは、今後さらなる急成長を遂げていきたいと考えているわが社のような組織にとっては不可欠な資質となるからだ。また、一般論でいってもハングリー精神の有無は、積極性や向上心、上昇志向、そして忍耐力などにも関連してくる。

ただし、注意が必要なのは、ハングリーとプアーを混同してはならないということ。ハングリーには野草のようなたくましさがある。しかし、プアーというのは、単に貧しい、時に精神面で貧困だということである。このタイプは気持ちの切り替えがうまくできなかったり、柔軟な発想ができず自分の考え方や主張に固執しすぎるといったことにも結びついていく。

プアーな人物は多いが、ハングリーな人材は少ないというのが実感である。

41

夜遅くまで残業をする人よりも、朝三〇分早く出社する人を重視する

創業して五年目くらいの話だ。偶然わたしは、ある高名な経営コンサルタントに巡り会うことができたので、その先生に経営指導を打診してみた。すると、「引き受けるか、引き受けないかは、あるチェックをさせてほしい」と回答があり、しばらくして「何月何日の朝七時に伺う」という連絡があった。そんなに早い時間から何をチェックされるのか、不思議に思っていると、約束の時間からずっと工場の門の前に立ち、社員がどういう順番に、いったい何時ごろに出社してくるのかを観察されていた。

理由を尋ねてみると、「社員の出勤時間の遅い会社はいくら熱心に指導をしてもよくならない。不良品や在庫を抱えていても、それすら改善することができない」とのことだった。わたしはさっそくデータをとってみた。そうすると、出勤時間の遅い社員は総じて仕事の成績がよくない。出勤時間ギリギリに寝ぼけ顔で飛び込んでくる社員、遅刻しているのに平然と会社の門をくぐるような社員はまずロクな仕事をしていないことがわかった。

物事の成否は、案外ささいな心がけで決まるものである。そんな心がけの一つが「休まず、遅れず」ということだ。

たとえば、何らかの事情があって遅れる、あるいは休む。そうなると仕事を与えようとしていた上司の信頼を失い、チャンスを逃がすことになる。客先からの注文であれば他社に回ってしまうかも知れない。

わたしは日ごろから、「夜一二時間遅くまで残業をしている人よりも、朝三〇分早く出社する人を重視する」「よく休む人は信頼も期待もできない」と社員によく話すが、これは小さな心がけが思わぬ成果に結びついたり、逆に致命傷にもなりかねないことを身をもって体験してきたからだ。

心がけという表現をしたが、正しくは「心の余裕、ゆとり」といった方がいいのかも知れない。何事においてもパーフェクトにできる人間はいない。だが、わずかでも心に余裕があれば行動を起こす前に、確認もれはないか、手抜かりはないかを確かめてみることが出来る。ところが、こうしたゆとりがなくていつもギリギリの状態で物事を進めていると、小さなミスもどんどん膨らんでいく。仕事に取り組んでいくうえで、この差は非常に大きい。

後手に回ってしまわないように、常に先手を打つ。人を動かしていくときにもこの鉄則が当てはまると思う。

42
短所にこだわるな!

わたしは血液型に関心を持っている。もちろん、血液型だけで判断しているわけではないが、一般的な傾向としてO型はあまりクヨクヨと悩んだり落ち込んだりせず、比較的簡単に気分転換が図れるタイプ。これと正反対の性格がA型で、繊細な神経を持ち、やることも几帳面でソツがない。B型は親分肌で少なからず頑固な面があるといわれる。

これを応用すると、適材適所に社員を配置することができる。たとえば、新規のユーザー開拓の先陣を切るのはO型タイプ、そしてクロージングが近づいてくるとA型タイプにバトンタッチして、最後の詰めを任せる。逆に、世界で初めてというような商品開発にA型タイプの責任者を選ぶとプレッシャーにつぶされてしまう恐れがある。そこで責任者はO型かB型タイプ、補佐役としてA型タイプをつけるといった具合だ。

適材適所は古くからいわれ続けてきたことだが、何をもって適材適所とするのかはあまり明確にはなっていない。人材難になると本人の希望を優先する意味で使われたり、ほかに適切な部署がないために止むを得ず配置する場合の便宜上の言葉になっているケースもある。あり余る人材を抱える超大手企業なら話は別だが、ただでさえ優秀な人材が不足している中堅、中小企業にあっては、これは真剣に検討しなければならない問題であろう。

個性も同じである。わたしは個性というのは、その人の長所というよりは短所だと思っている。頭の回転が早く、素直で、人当たりもよいといった欠点の少ない人を個性的だとはいわない。汁粉や饅頭の餡《あん》に少量の塩を加えることによって、より一層の甘さを引き出すように、マイナス要素が含まれていてこそ個性的といえるのだと思う。

したがって、経営者やリーダーは部下の短所が致命的なものでもないかぎり、これにこだわって無理に改めさせようとするのは適切ではない。それよりも、マイナス要素こそより強い個性だと認め、この足りないところは全面的にカバー、フォローしてやるという姿勢が不可欠となる。

二一世紀は個性の時代だ。会社のどの部門を見渡しても、まるで金太郎飴のような十把一からげの社員ばかりでは、行く末は見えている。自分とは性格も考え方も物事の進め方も何もかもが違う異質な部下を使いこなす。これからの経営者、リーダーに与えられた大きなテーマの一つは、どこまで部下の個性を伸ばしてやることができるかどうかである。

43

部下には得意なことだけやらせておけ

固定観念にとらわれすぎると人は動かせないし、多くの人材をダメにしてしまうことにもなりかねない。たとえば、一流大学を出た技術者にはすばらしい開発ができるが、三流大学出の技術者にはロクな開発はできない。経理担当者は数字に強くないといけない。営業マンは話し上手で、かなりの強引さも必要などなど。世間にはこのようなイメージがあるようだが、少なくともわたしはこうした固定観念には大きな落とし穴があると思っている。

経営者やリーダーは、世間のイメージや固定観念で判断するよりも、できるだけ本人の得意なことをやらせて、不得意なことには余分なエネルギーを注がせないようにすることを優先すべきである。いくら一流大学の出身であっても、しゃべるのが苦手な技術者にみんなの前で研究成果を発表させようとすると、何日も眠れない夜を過ごすことになる。文章を書くのが嫌いな営業マンに連日レポートの提出を求めたのであれば、本来の仕事が手につかなくなるのは目に見えている。

これも世間ではよくいわれることだが、自分の不得手なことを克服すると一回りも二回りも器が大きくなると……。たしかに一理はあるが、大多数の人間はそれほど器用ではない。社員の一人一人に苦痛を与えて弱点を克服させるよりも、得意なことをどんどんやらせて長所をさらに大きく伸ばす。その社員の弱点は、それを得意とするほかの社員にフォローさせる。これが組織運営の要諦で、人を動かす最重要の事項である。

ただし経営者は仕事の好き嫌いをいってはならない。会社には社長にしかできない仕事というものがある。わたしの考えるトップの仕事には、

・会社、すなわちわたしの経営ポリシーをわかりやすく社員に伝える
・社員の意識を変え、高めていく
・中長期の経営計画を立てる
・経営判断、最終決断を下す
・適材適所を考える
・マスコミのインタビューなどに応じて、会社のイメージ、知名度をあげる

といったものがあるが、これら以外の仕事は権限も含めて適任者に委譲してしまう。社員は各人の得意な仕事に専念し、社長は社長にしかできない仕事に専念する。これこそが強い組織をつくる一番の基本である。

44

部下の成長は、「眼光」と「顔光」、そして声の大きさでわかる

わたしは、毎年入ってくる新入社員が人間として、組織人としてどのように成長していくのかを興味深く見守っている。とりわけ注目しているのが、目つきと顔つきである。一般的に入社直後の新人は、勉強疲れというよりは遊び疲れが残っている。目には輝きがなく、顔にツヤもない。だが、四年間運動部でみっちり体力を鍛え上げてきたような新人は、キリッと顔全体が引き締まって見えることがある。

入社したときには、たるみ切った目つき、顔つきをしていた者でも、真剣に仕事に取り組む気構えさえできてくれれば、早ければ半年から一年、遅くても三年ぐらいで凛々《りり》しい若者の顔へと変化していく。その変化をもたらすものが、生きていくうえで、あるいは仕事をするうえでの「苦」に敢然と挑戦していく気迫である。この気迫こそが自分自身を動かすエネルギー、そして成長のための源泉でもある。

「苦」の道と「楽」の道があれば、「楽」の道を選びたくなるのが人の常だ。仕事でミスを

すれば、「自分が悪かった」と反省するよりも、「相手が悪かったから」という言い訳が先に立つ。しかし、「自分にも落ち度があった」と自ら「苦」を背負うことができる度量の持ち主は、目つき、顔つきに輝きが増してくる。さらに、人生や仕事の修羅場をくぐり抜けた若者は、たとえようもない光を放つようになる。

まさに「眼光」と「顔光」こそ、成長のバロメーターである。

一方、揺るぎない自信の大きさをはかるメジャーが「声」である。入社した当初は口先だけでボソボソとしゃべっていた若い社員でも、自分の力で何かをやり遂げたという経験を一つ積み重ねていくたびに、声が少しずつ大きくなっていく。それも、単なる人の話の受け売りではなく、いったん頭のなかで咀嚼《そしゃく》した自分自身の言葉で、自分自身の考え方をはっきりと主張できるようになる。

「人間の魅力というのは、学歴とか学力などではおしはかれるものではない。未来に対し、自己の持つ知力と体力を結合し、それをほとばしるエネルギーに転化できるかどうかにある。志に向かう一途な魂の燃焼こそ魅力の根幹である」

これはわたしの好きな言葉の一つであるが、経営者には仕事を通してすべての社員の魅力を引き出してやるという心構えが不可欠だ。わたしは毎年桜の花が咲くシーズンが待ち遠しくて仕方がない。

45

人に動かされるのがうまい人は、人を動かすのもうまい

「使い上手は使われ上手」という言葉がある。要するに、人をうまく動かそうと思えば、自ら率先して人のために動かなくてはいけないということである。わたしもこれまでに多くの社員と接してきて思うのだが、若いときから気働きの利くという人物がいる。数は少ない（二〇人に一人ぐらい）が、彼らは上司が指示を出す前にそれを先読みしてタイミングよく物事を提案してくる。

たとえば、毎年一〇月に品質をテーマにした社内キャンペーンをやっているとすると、夏の休暇前には「今年はこんな企画ではどうでしょうか」と過去の資料とともに、新しいプランを上司に提出する。また、営業のあるグループが新しく大手のユーザーにアプローチすることが決まり、二、三日後に責任者が「例のアタック先の詳細なデータをまとめたいのだが」と切り出すと、「マーケティングのデータについては、ほぼでき上がっているので今日中に提出します。実際の攻め方については……」といった答えがすでに準備できている。

こうした社員は、上司の指示を受けてから腰をあげる指示待ち族の一〇倍以上の評価に値する。なぜなら、彼らは優秀な管理者になる条件を身につけていると同時に、経営者になるための基本的な資質である主体性を備えているからだ。反対に、指示をあおがなければ動けないような人物は、絶対に経営者にはなれないということである。

話が少し脇道にそれてしまったが、人のために動ける人というのは、例外なく人を動かすのもうまい。人のために動くといってはいるが、実際は自分の考え方を通したいと思っている上昇志向の強い人物のことである。すなわち、上司から指示を受ければ、全体的にその指示に従わねばならない。だが、いわれる前にやれば、かなりの部分で自分の裁量が発揮できる。この自分の考えを通したいという気持ちが、上司、部下を問わず相手に対する説得力につながり、結果的に人が動くのである。

もう一つ、主体的に人のために動いてきた人は、どういういい方や態度をとれば気持ちよく人が動くのかを、自分の経験と照らし合わせてみることができる。自分にできないことを命令したり、イヤなことを押しつけられれば反発したくなるのが人間の心理だ。こんなことも経験からわかっている。

水は上から下にしか流れない。これと同じ理屈で上昇志向を持っている人には人を動かすエネルギーが生まれるが、上昇志向の希薄な人にこのエネルギーは生まれない。

5章

女性、中途採用
――相手によって手法を変えろ！

46

女性社員を見れば会社の雰囲気がわかる

以前は、若い女性社員に「暗い感じの化粧はするなよ」といっていたことがある。暗い感じの化粧とは、たとえば赤やピンクではなく茶色や紫色に近い色の口紅を塗るといった、雰囲気全体が暗い感じのする化粧のことである。

わが社の社員が休みの日にどんな化粧をしていようが、どんなオシャレの楽しみ方をしていようが干渉するつもりはない。

しかし、通勤途中も含めて社内にいるときは違う。会社にはいろいろなお客様が来られるし、仕事をするのに不自然な化粧や服装というのもある。それを注意し、説得するのもリーダーの務めだ。

特に二〇歳前後の女性は、要注意である。最初の段階で手抜きをすると〝朱に交われば赤くなる〟のことわざ通り、どんどん周囲を巻き込んでエスカレートし、歯止めが利かなくなってしまう。

創業から十数年後、わたしは立地条件に恵まれた京都・四条大宮にあった本社事務所を、烏丸御池のオフィス街に移転したことがある。この理由は、本社事務所の近くにクラブやスナック、サラ金業者が増え、退社時間になるとケバケバしい服装や化粧の女性を数多く見かけるようになったからだ。このことからもわかるように、わたしは女性社員こそ会社の現在と将来を映し出す鏡、つまり、女性社員の躾《しつけ》も充分にできないような会社が大きく成長するはずがないと考えている。

この信念が冒頭の「暗い感じの化粧はするなよ」という言葉に結びついていくのだ。ただし、それが流行であることを知ったうえで、そのいけない理由も説明して説得する。これをただ「ダメなものは、ダメだ」では若い社員は納得しない。

自分の信念を相手に伝えるときに一番重要なことは相手の目線に自分を置く。すなわち、流行や時代の流れや変化にも敏感になること。

「何も世間のことは知らないくせに……」と感じさせるようでは、いくら強い信念を持っていたとしても説得力を持たない。これでは、男女を問わず、年齢の離れた若い部下は絶対に動かせない。

47

「競争原理」で女性社員の意欲を高める方法

ここまで読み進んでいただいた読者の方は、日本電産は何と男臭いイメージの会社なんだという印象を持たれたかも知れない。しかし、わが社の女性社員は意外と多く、本社でも、営業所でも、工場でも女性の姿が目立つ。男女は平等で、性別に関係なく能力さえあればどんどん登用しており、女性の部長もいる。なかには、自ら名乗りをあげてアメリカの現地法人に営業課長代理として赴任した女性社員がいたり、フィリピンの工場稼働に伴う社内公募に応募した女性二人が、生産管理と技術スタッフとしてそれぞれ現地で活躍もした。今後も海外で活躍する女性社員はもっと増えてくると思う。

わが社の女性社員は総じて仕事に対する意欲も高く、上司が放っておくと夜遅くまで仕事をしている。それが年に数回、どうしても止むを得ない事情があるときなら仕方がないが、連日ということになると帰宅途中の心配もあって、頼んで早く帰ってもらうことも日常茶飯事だ。

女性社員の意欲を高める方法はいくつかあるが、その際一番のポイントになるのは能力差のない人を揃えることである。一方、男性の場合はあえてそれを考慮しない。つまり、男性社員の場合、能力ややる気の度合い、学歴などが異なる者同士を同じ職場に配属した方が、競争原理が働いていい結果の出ることが多い。しかし、女性社員にはこの原則が当てはまらない。あきらめが早いというのか、最初から暗黙の順位のようなものがあると、それに甘んじてしまって、お互いの伸びが止まってしまう傾向がある。

もう一つは、同じ職場の女性社員はすべての面で全員平等にしなければならないということ。褒めるにしても、話しかけるにしても、仕事を頼むにしても原則は全員平等で、このバランスが崩れると、人間関係が気まずくなってしまうことが多々ある。だから、能力差のない人を揃えないといけないという理屈にもつながっていく。

これを煩わしいと考えていては女性社員は動かせない。欧米に比べると、わが社も含めて日本の企業は女性社員の戦力化では、まだまだ未熟である。重要な仕事を与えるという経験そのものが不足しているし、企業の側にも、上司の側にも、そして働いている女性自身のなかにも、「女性だから」という意識がまだどこかに残っている。まず、こうした自らが持っている意識を払拭することが先決だ。任せて、やりがいを持たせて意欲を引き出すのに、男女の区別はない。

48

「三倍の法則」が女性を動かす

女性の部下を多数抱えている管理者に、わたしがよく話して聞かせるのが「三倍の法則」である。女性に指示を出したり、注意を与える。あるいは、何か訴え事を聞くような場合には、男の三倍の時間をかけるようにといっている。

たとえば注意を与える場合でも、まず褒めることから入る。以前にできなかった仕事ができるようになった、仕事のペースがごくわずかでも速くなった、電話の対応がスムーズになってきた、言葉づかいが社会人らしくなってきたなど、褒めちぎっておいてから本論に入る。注意するときも決してストレートにはいわない。相手の感情を刺激しないように、遠回しに穏やかな言葉を選んで、「このようにした方が、もっとよくなる」といった表現を使う。そして最後にもう一度褒めてしめくくる。つまり、一つ注意するのに五つぐらいは褒める。これは、すべてマンツーマンでやる。女性の場合はみんなのいる前、特に何人かの女性のいるところで、一人だけ褒めると嫉妬の対象となることがあるからである。少し極端ないい方をすると、何でもない言葉をかけるのも平等にしないといけない。特に注意を与えるときには一対一で、というのが鉄則だ。わが社では、管理者にここまで徹底させている。理由は、女性を戦力としてじっくりと育てていきたいと考えているからだ。採用時には、社内結婚を奨励して「結婚後も、ずっと勤めてもらうのは大歓迎。わが社には結婚したから辞めないといけないという理由は何もない」といっている。また、待遇面でも平等だし、社員研修会への出席も男女の区別はない。資格が同じであれば、同じ内容の研修を受けてもらう。

女性を大切にするのは、わが社の製品と大いに関係がある。たとえばわが社の主力製品の一つであるハードディスクドライブ(HDD)用スピンドルモータは、コンピューターのハードディスク装置を正確に機能させるために、数百ギガバイト～数十テラバイト(一テラバイトで文庫本一万冊以上の情報量を記憶できる)の情報が書き込まれたHDD内部のディスクを一分間に五四〇〇～七二〇〇回転の速さで回転させる。そのディスク面上〇・〇二～〇・〇四ミクロンの間隔で読み取りヘッドが動いているため、ほんのわずかな回転精度の誤差も許されない。

こうしたデリケートな製品をつくっている職場には、女性特有のきめ細かさや、緻密さ、丁寧さなどが不可欠である。したがって男女の別なく女性社員を動かせるリーダーへの期待も今後ますます高まってくる。

49

マナー、礼儀作法を知らない社員は使いものにならない

新入社員研修のなかにマナー講習を取り入れている企業は珍しくない。だが、わが社ではその後段階的に実施する階層別集合研修にも、必ずマナー講習を行っている。これは女性社員だけを対象にしているわけではないが、結婚して家庭に入った女性社員たちから、非常に喜ばれ、感謝されている。

そのマナー講習は、名刺の受け渡しや電話応対の仕方といったビジネスマナーだけにとどまらず、社会人として日常生活を送っていくうえで必要な礼儀作法から、冠婚葬祭のあらゆる知識まで広範囲に及ぶ。手紙の書き方、のし袋の表書きの常識、ふくさの包み方、出し方、お祝いにはどんなものを持っていくと喜ばれるのかといったことから、テーブルマナー、焼香のやり方、近所とのつき合い方まで会社で教える。

それも中途半端にはやらない。たとえば、お茶の出し方一つでも、お盆の持ち方やその位置と歩き方、応接室のノックの仕方、ドアを開けて部屋へ入り、ドアを閉めるまでの一連の

動き、その間のお辞儀の仕方やタイミング、お盆をサイドテーブルに置くときの位置や姿勢、そして茶器を持ってお客様の席までの移動の仕方、お茶を置く位置と声のかけ方、それから退室するまでの一連の動作、さらに次の飲み物を出すタイミングのはかり方……。こうしたことは本来家庭で躾けるべきだとは思うが、わが社はここまで徹底して指導している。

なぜならマナー、礼儀作法すら満足に身につけていない社員に、会社の規則やルールはこうなっている、経営ポリシーや経営方針はこうだ、などといってみても、結局は徒労に終わってしまうというわたしの考えからである。

一流企業、優良企業というのは、決して売上や利益が高いことだけではないはずだ。社内の行き届いた清掃と整理整頓。アポイントの時間が厳守され、訪問者を五分たりとも待たせるようなことはしない、させない社風。そして受付での対応にはじまり、廊下ですれ違う社員の動き、言葉づかい、身だしなみ……。たとえ工場や品質をチェックしなくても、もうこれだけでこの会社の製品が充分信頼に足るものであることがわかる。

女性社員は男性社員に比べて、このあたりには、はるかに敏感に反応する。特に女性社員に一流企業、優良企業に勤めているという誇りとプライドを持ってもらうために、わが社ではマナー講習には特に力を入れている。

50

「ここまでできれば、これだけ優遇する」と明言せよ！

前の職場で過去にどのような輝かしい実績があったとしても、自ら転職を希望する人物は基本的には負け組である。たしかに、適性とか向き不向きがあることはわかる。わたしの性格からすると、銀行に勤めたなら三日でクビ、官庁なら一日ともたないと思う。したがって、三ヵ月、半年で辞めたというのなら話は別だが、それ以上勤めて適性とか向き不向きがどうだなどとはいえないはずだ。

同期の出世頭とか並み居る先輩たちを尻目にごぼう抜きで出世しているような勝ち組は、まずその会社を辞めたりしないはずだ。また、それほど出世欲が強くなかったのであれば、なおさら辞める必然性はないわけで、本人たちはなかなか認めようとはしないが、負け組であることに変わりはないと思う。

この敗者を勝者に鍛え直すという発想がなければ、中途採用者を戦力にすることはできない。では、どうすれば敗者を勝者にすることができるのだろうか。その最大のポイントは、前の会社では通用しなかったかも知れないが、わが社ではこれだけのことができれば立派に通用するんだという条件を具体的に明示してやることである。たとえば、わが社ではかなりの数の元銀行マンを採用しているが、彼らに対してわが社で優遇する条件を次のように説明する。

「今後銀行も大きく変わっていくはずだが、少なくともこれまでは創造力を発揮してはいけない、自分の考えを主張しすぎてはいけない、上司の指示を仰がずに勝手に判断してはいけない、というのが評価の対象だった。お客に渡すカレンダーのサイズまで各銀行とも同じと決められていたので、こうした結果になるのは止むを得ない。だが、わが社が優遇するのは創造力が発揮できて、自分の主張をはっきりと持ち、上司の指示を待つのではなく、自分の判断で前向きに物事に取り組んでいける人材だ。これまでと反対のことをやるのだから、発想を一八〇度転換する。これができないとわが社では通用しない」

このように伝え、「ここまでできれば、これだけ優遇する」と従来の二倍ぐらいの好条件も同時に提示する。これぐらい思い切った手立てを講じなくては、敗者を勝者にすることは不可能だ。世間では中途採用者を即戦力という呼び方をするが、まず本人に身についた負け犬根性を払拭しなければ戦力とはならない。わたしはこれだけでも一年や二年は簡単にかかると思っている。

51

中途採用者の意識改革のやり方

急成長を続け、慢性的に人材不足のわが社は、即戦力として中途採用者に並々ならぬ期待をかけている。だが、中途採用者には前の会社のカラーが深く染みついている。前の会社とわが社とのギャップが大きければ大きいほど動かしにくくなるわけであるが、普通はこのカラーを取り除くのに、勤めていた年数の倍の時間を要する。つまり、五年勤めていたなら一〇年、一〇年であれば二〇年かかるということ。しかも、完全に前の会社のカラーを取り除くことは不可能である。

したがって、経営不振に陥っていたり、沈滞ムードが漂っていた会社に永く勤めていたような中途採用者を教育し直すというのは非常にむずかしい。こうした経営不振や沈滞ムードに我慢ができずに早々と飛び出してきたというのであればまだしも、倒産、あるいは倒産寸前まで勤めていた人間は、そうした社風に蝕まれてしまっていて、使いものにならないケースがほとんどだ。

そんな倒産会社から再就職してきている連中に共通しているのは、会社が倒産したことと自分はまったく関係がない。すべての責任は経営陣にあって、自分たちはむしろ被害者だと考えているか、そう思いたがっているかのどちらかだということだ。そんな社員を呼んで話を聞いてみると、こんな会話になる。

「なぜ、前の会社はつぶれたと思う」とわたし。「前の社長が遊び好きで、週に一回は平日にゴルフ。夜は連日飲み歩いて、会社に出てくるのは決まって昼前。部課長連中も何かといえば会議。その会議でも肝心なことは少しも決まらないみたいで、わたしの上司もほかの課長の悪口や文句ばかりいっている。それが原因だと思います」

「ところで、君は一生懸命仕事をやっていたのか」

「自分ではやっていたつもりですが、昇給率も低いし、ボーナスも雀の涙。上司からは新規開拓の指示がありましたが、こんな状態ではやる気にはならないんです」

わたしは、前の会社が倒産した最大の原因は経営者にあるが、やる気をなくしていた本人にも責任の一端があることを、わかるまで根気よく話して聞かせる。これをやらないかぎり、倒産会社に勤めていた中途採用者は即戦力どころか、ほかの社員の足を引っ張る存在になりかねない。このように、中途採用者は会社にとっては両刃の剣。一歩誤ると返り血を浴びるかも知れないという認識も必要である。

52

海外で人を動かすポイントは、成功報酬をケチらない

日本電産を創業した一九七三年から翌年にかけては、オイルショック後の不況で商品はだぶついて価格もダウンした。そのうえに信用不安が重なり、いくら熱心にアプローチしてみても、社歴も、知名度も、信用も何もない新参者に仕事をくれるような会社はなく、門前払いを食わされるばかりだった。創業して半年くらいは仕事らしい仕事は皆無。居ても立ってもいられなくなったわたしが、止むを得ずとった苦肉の策がアメリカに渡って注文をとってくることだった。

国内ではまったく相手にされなかったわが社であるが、何度目かの訪米でまずスリーエム社からの大量受注に成功した。さらにアメリカ最大の送風機メーカー・トリン社との取り引きが成立するなど、日本電産の第一歩はアメリカから踏み出したことになる。

一九七四年一〇月には現地に代理店を置き、七六年の四月にはミネアポリスの郊外にあるセントポール市に現地法人・米国日本電産株式会社を設立したという経緯がある。以来、ア

ジア、ヨーロッパへと拡大し、関連会社まで含めたグループの海外の従業員は約二万五〇〇〇名を数える。（編集部注：二〇一八年三月末時点での海外従業員数は約九万八〇〇〇名）

そうした経験からいえば、スパッと頭を切り替えることさえできれば、海外、とりわけアメリカで人を動かすのはそれほどむずかしいことではない。雇うときに、「これだけの働きをすればこれだけのペイをする。反対にできなければ解雇だ」と宣言しておけばよい。アメリカ人は一人一人が自分なりの思想を持っているので、辛抱とか気力や気迫といった精神論はまったく通用しない。成功の報酬は当然お金。これをケチると優秀な社員ほどさっさと会社に見切りをつけて出ていってしまう。つまり、終身雇用を前提とした日本では賃金に対する考え方は「細く長く」だが、アメリカは「太く短く」だと考えればよい。

また、「今回これだけの働きをしたのだから、オレをマネージャーにしてくれ」といったように彼らはストレートにものをいってくる。だから、こちらも日本のように、相手の気持ちを察してとか、周囲に充分な根回しをしてからといった気配りはほとんど必要がない。

アジアの国の人たちは、アメリカと日本とのちょうど中間、ドライさとウエットさが半分半分ぐらいの感覚で、日本人にとってはアメリカ人より、アジアの人の方が理解しやすいと思う。わたし自身は、アメリカ流の方がはるかにわかりやすいし、やりやすいと考えているが、好きなのは、深みがある日本流の人の動かし方だ。

53

定年間近な社員には、この一言でやる気を出させる

人間の適応力のすごさには感心させられることが多い。氷に閉ざされた極寒の北極圏でたくましく生きている人たち、あるいは赤道直下の奥深い山のなかや砂漠地帯であってもその環境に適応して、人間は力強く生きている。

このように適応力は人間の底知れぬパワーを感じさせてくれる。だが、これを少し間違うと、適応力は惰性や慣れとなってしまう。この慣れは人をダメにし、組織を破壊していく恐ろしいパワーを秘めているのだ。

つまり、〝適応力〟は、外部からの働きかけに対してそれに立ち向かい、はね返そう、何とか克服していこうと工夫し、知恵を絞ることで、ここには大きな前進がある。しかし、〝慣れ〟は、同じ外部からの働きかけに対してそこから目をそらし、頭を低くして、ただ通り過ぎるのを待つだけということで、ここにあるのはマンネリと無責任さである。

時間切れを待つ……。定年が間近に迫っている社員のなかには、こういった考えをする人

も目立ってくる。恐らく、定年まで後二年、あるいは三年しか残っていないのだから、いまさら波風を立てたくない、平穏無事に幕を下ろしたいといった意識が強く働きはじめるのであろう。だが、彼らには若手社員など足元にも及ばない仕事に関する豊富なノウハウ、そしてすばらしいキャリアがありながら、それを自らの手で葬り去ろうとするのが、わたしには残念でたまらない。

スポーツ、特にボクシングや柔道などの格闘技は、一方が守りに入ってしまうとおもしろくなくなり、見る側は白けてしまう。もちろん仕事は人に観せて、楽しんでもらうためのパフォーマンスが目的ではないが、周囲に大きな影響を与えることがあるものだ。定年が近づいているとはいえ、組織の重鎮が完全に守りに入ってしまうと組織全体の動きも鈍ってしまう。

こんな兆候があらわれたときには、わたしは本人を呼んで「あなたは、わが社にとっても、部門にとってもなくてはならない存在だ。いないと困る。いまこそ目いっぱい働いてほしい」とストレートにお願いするようにしている。それだけではなく、定年はあってもその後は契約社員として残ってもらえる制度をつくり、ここでの働きによっては退職金をプラスして支給するようにしている。定年の近い社員のやる気を起こさせることは、組織全体を活性化させる一つの秘訣であると思う。

6章

叱り方、褒め方②
——〝部下〟を動かすこのルール

54

叱るときには徹底的に叱る、わたしの理由

最近、部下を叱らない、叱れないリーダーが急増している。この理由は明らかである。他人を叱ればそのアフターケアに叱った数倍のエネルギーが必要となる。だから、そんなエネルギーを使うくらいならやめておこうと、最初から放棄しているのである。

一口に人を動かすというが、権威や肩書だけで人は動かない。相手の心を揺り動かさなければ、部下であろうと人は動いてくれないのである。褒めて、かわいがっておけば、イザというときにはいうことを聞いてくれるだろうというのは、リーダーの自分勝手な思い込みだ。なぜなら、チヤホヤと甘やかしてきた部下にそれだけの心構えはできていないし、イザというときに充分な力を発揮するとは、まず考えられないからだ。

わたしは、幹部が持ってきた書類や図面のできが悪かったとき、みんなが見ている前で破り捨てたこともあるし、社員に対してもことあるごとに怒鳴り、叱りつけて教育をしてきた。それも中途半端にはやらなかった。相手を震え上がらせ、もうこれ以上怒鳴ったり、叱った

りすると夜道で後ろからナイフで刺されるのではないかという極限までやった。

もちろん、幹部や社員をいじめてやろうと思って書類を破ったり、憎くて怒鳴ったり、叱りつけたわけではない。一日も早く部下を叱れる幹部に育ってほしい、世界に通用する技術や技能、テクニックを身につけ、プロとしての仕事ができるようになってほしいと考えてのことで、いわば愛情の裏返しなのである。他人の子供なら多少の過ちがあっても見て見ぬ振りはできる。しかし、これがわが子なら見逃せない。この親の気持ちと同じなのである。

しかし、いくら部下であっても所詮は他人、叱る場合のルールはある。その第一番目が、最低でも叱った三倍はアフターケアをすること。わたしはそのために叱った部下にはたいてい手紙を書いてきた。口ではとてもいえないような褒めちぎりの内容だ。

二番目は、叱ったことはすぐに忘れること。わたしは、「いくら叱ってもトイレに行けば忘れる」と社内で公言し、いつまでもグチグチいうことはない。要するに叱ったことはすぐに忘れ、褒めたことは紙に書いていつまでも残るようにするということ。

三番目が、「辞めてしまえ」「辞めます」という言葉だけは禁句だということ。わたし自身は、「辞めてしまえ」とは絶対に口にしないと肝に銘じている。しかし、社員は違う。だから、「辞めます」といわない環境、準備を万全に整えてから叱る。これらのルールを無視した叱り方は、百害あって一利なしである。

55

一度叱ったことはすぐ水に流せ

永守流の部下を動かす奥義の代表が、相手がちぢみ上がるぐらい徹底的に叱責し、同時に叱ったアフターケアをきちんとやるということだ。この叱り方もワンパターンではダメだ。職場の部下や同僚のいる大勢の前で叱る。叱る本人と上司を呼んで上司だけを叱る。あるいは、本人一人をホテルのバーや寿司屋のカウンターに誘って、こんこんといって聞かせることもある。最近はほとんどしなくなったが、かつてはわざと公衆の面前、たとえば京都駅の構内で大声で怒鳴ったり、取引先に連れていって叱ったこともあった。また、机を思い切り叩くなどは日常茶飯事、花瓶を床に叩きつけて割ったり、近くにあるものを蹴飛ばして壊すことも珍しいことではなかった。できの悪い図面や書類を本人の目の前で破り捨て、「部屋が汚れたので、きれいにしておいてくれ」と捨て台詞を残して部屋を出ていったことも数え切れないぐらいあった。もちろん、わざと演技で叱ったのでも、ただ単に感情にまかせて怒りを爆発させたわけでもない。社員一人一人の性格や個性を見極め、どういう叱り方をすれば彼らの心のなかに眠っている闘争心や負けん気に火をつけることができるのか。これらを充分に考慮に入れてのことだ。当然のことだが、叱責されることをダメな人間だから叱られるとか、そういった烙印を押されると思っている人間に対して叱ると、かえって逆効果になる。

したがって、望みがあるから叱る、「何くそ」とやる気を起こしてほしいから叱る。そして叱られている者ほど優秀で、叱ってもらえないのはまだそのレベルに達していないからだという社内の合意が必要だ。だから、わたしは日本電産を創業して以来、「上司から叱られない社員は三流以下、一日に五回叱られてやっと二流、一〇回叱られるようになってはじめて一人前の口をきいてもよろしい」といい続けてきた。

というのは、多少理屈のわかる人間なら、何か問題を起こしたりミスや失敗をしたときに、上司から一度大きな雷が落ちても、「申し訳ありませんでした」と反省して詫びを入れ、これでチャラになるのであれば、いつまでもネチネチと咎められるよりも、よほど気持ちがスッキリするはずである。こうしたケジメをつけることによって、済んでしまったことは水に流す。わたしが、「いくら叱ってもトイレに行けば忘れる」と公言しているのはこのためで、このケジメがなければ、責任感の強い部下ほど立ち直るのに時間がかかり、やる気のある部下ならチャレンジ精神までを失わせてしまう。将来性のある部下をダメにしてしまわないためにも、上司は毅然たる態度で叱ることが重要である。

56

褒め言葉を見つけてから叱るのがコツ

相手にいろいろと褒めるところがあるからこそ思い切った叱り方もできる。わたしはこのように考えている。たとえば、一生懸命ダイエットに取り組んでいる女性がいるとする。彼女が見た目にもふっくらとしていて、誰の目にもダイエットが必要だと感じられるようなら、あえてこうした話題にストレートに触れると相手をいたく傷つけてしまう恐れがある。ところが、ブームなのかどうか知らないが、そんな必要もないのに「ダイエット中だから……」という女性の場合なら、「冗談だろう。本当にダイエットしないといけないの？」とズバリ核心に触れることもできる。

これと同じような理屈で、叱る材料は山ほどあるが、褒めるところを見つけるのに骨が折れる人物は、かえって叱りにくいというのが実感だ。端的にいってしまえば、こんな人間を叱ったところで、貴重な時間とエネルギーの無駄づかいだと思えてくるからだ。

普段はめったに口に出して社員を褒めることをしないわたしだが、心のなかではA君はこんなすばらしい面を持っているとか、B君はこの長所をもっと伸ばしてほしい、Cさんは女性なのにこんなに頑張ってくれている、といったチェックを欠かさない。そして雷を落とした後には、これらを使ってアフターケアをする。

この最もオーソドックスな方法が褒めちぎりの手紙を書くことだ。つまり、口で叱って文章で褒める。叱ったことは後に残さず、褒めたことはいつまでも残るようにしておく。なぜなら、この手紙を本人が一〇回読めば一〇回、二〇回読み返してくれれば二〇回褒めたことになるからだ。また、しょっちゅう顔を合わせている社員であっても、手紙を直接手渡さずに、切手を貼ってポストに投函して自宅に送ることもある。これをやるのは主として妻帯者や家族と同居している社員だ。当然、最初に手紙を受け取るのは社員の奥さんやご両親で、「社長から手紙をもらった」ということで家族の関心が集中する。開いてみると褒めちぎりの内容だから、家族にも胸を張って公開できる。これでわたしが叱ったことを帳消しにしてもらうのである。

ほかにも、叱った社員と仲のよい同僚に、「今日彼を叱ったんだが、仕事も熱心だし見どころもある」と耳打ちして、わたしが頼りにしていることを遠回しに本人に伝えることもある。世間の人は案外気づいていないが、本人にストレートに褒め言葉をかけるよりも、奥さんや親、同僚などを通じて間接的に褒める方が数倍の効果がある。

57

「カッ」と発奮のできる人間に育てろ！

十人十色、百人百様の性格や個性を持つ部下を思い通りに動かそうと思えば、人情の機微を知ることである。わたしのいう人情の機微とは温情と冷酷さを合わせ持ち、この相反する二つの感情のバランスをいかにうまくとるかということである。

わが社の人材育成、そして部下を動かすベースとなるのは叱ることだが、これも感情にまかせて叱りつけるだけなら教育ではないし、誰も人はついてこないだろう。他人を叱ろうと思えば、相手のプライバシーはもちろん、家庭の状況、性格、本人の長所、弱点もすべて知り尽くしておく必要がある。また、叱った後でどういったアフターケアをすれば叱ったことが活きるのかも、正確につかんでおかなければならない。

要は、一口に叱るといってもワンパターンで叱るのではなく、仮に一〇人の部下がいる管理職ならその一人一人に合わせた一〇通りの叱り方、二〇〇〇人の社員を抱える社長なら二〇〇〇通りの叱り方を身につけ、使い分けなくてはならないということである。

これができないのなら部下を叱るとか、人を動かそうなんてハナから考えないことだ。相手のことを理解しないで叱りつけ、アフターケアもロクにやらないというのであれば、叱った相手は自信を喪失し、二度と立ち直れないことだって起こり得る。そうなれば、最後に残るのは相手からの恨みだけだ。

反対に叱られた部下が、「何くそ、これぐらいのことで負けてたまるか」と発奮するように叱ってこそ意味があり、後々「あのときに叱ってもらったおかげで……」ということにもなる。

さらにわたしは、単に怒鳴ったり、叱ったりするだけではなく、大胆なポストや権限の委譲、降格もやる。わが社では、二階級、三階級の特進など珍しいことではないが、これは本人の努力にスピーディに応えていきたいと考えてのことだからだ。一方で、「いまの状態ではこの人物にこの役職は荷が重すぎる」と判断すれば、降格させるといったこともないとはいえない。

これで、やる気になって頑張ればすぐに元のポストに戻す。結論をいえば、叱ったり、降格したときに「カッ」となってやり直しのできる人間に育てるのが、人材育成のすべてなのである。人情の機微を知ったうえで、体を張って部下の教育を行う。まずこうした企業風土づくりをしなければ、真に人を動かすのは不可能なのだ。

58

自分と部下の間に隠し事をしないというルールをつくれ

野球中継を観ていて、最後の土壇場になってひいきのチームの選手が逆転の一打を放って勝負が決まると気分もスカッとする。野球ならわずか二、三時間のドラマだが、人を動かす場合にはこうはいかない。一発逆転ホームランはないし、サッカーのような劇的なシュートといったものもない。

わたしは、勇気を持って叱らなければ強い組織はつくれないし、人を動かすこともできないと繰り返し訴えてきたが、これもすぐに結果が出るわけではない。たとえば、相手が新入社員であれば、最初は一〇回褒めて一回叱るところからはじめ、少しずつ褒める回数を減らして、叱る回数を増やしていく。こうした過程で、叱った相手の反応を注意深く観察する。叱るにしても、褒めるにしても、相手にこちらの気持ちや心が伝わらなければ意味がない。それどころか、「辞める」といい出したり、逆恨みをされたりしないように充分な注意を払い、逆効果になるようであれば、まずかったと反省して叱り方や褒め方も変える。まだこの段階では叱った効果も徐々にしか出てこない。

それでも粘り強くこれを繰り返していく。叱り方もゆるめから入って、だんだん厳しくしていく。同時に、わたし自身のプライベートをさらけ出し、彼らのプライベートも話題としてどんどん取り上げる。趣味や家族のこと、学生時代の友人の話、アルバイトの経験にはじまり、「彼女はいるのか」「うまくいっているのか」「デートはどんなところに行くのか」といったことも聞くし、将来の夢を語り合うということもする。

要するに、わたしと社員の間に隠し事をしないという暗黙のルールをつくっていくのだ。これができない、つまりプライベートの話になると口を閉ざしてしまうような社員を叱ると、次の日から会社に出てこなくなったり、かえって反抗的な態度をとるなど、結局は徒労に終わることが多い。やがて、叱る回数と褒める回数を逆転させる。このあたりになると多少強く叱ったとしても、そのときは神妙な顔をしていても、次の日にはケロッとしている。そして、叱るごとに目に見えて効果があらわれてくる。しかし、ここまで来るには最短距離でも三年ぐらいはかかると思った方がよい。つまり、少なくとも三、四年はかけて信頼関係を築き上げ、周辺の環境も整えてからでなければ、叱って人を動かすことはできない。根気もいるし、失敗しては試行錯誤を繰り返す必要もある。だが、真に人を動かすには、これ以上の方法はないとわたしは考えている。

59

五万円の損害だからこそ、五億円分叱れ

わが社では、大きな目標を持って果敢にチャレンジしたのであれば、たとえ結果が失敗に終わったとしても評価が下がることはないし、わたしもそんなに強く叱ったりはしない。だが、とかく見過ごされがちになる細かなこと、小さなことをないがしろにする行為に対しては徹底的に叱責するという風土を根づかせている。

一例をあげると、ここに五個だけつくる製品サンプルの設計図がある。そこにちょっとしたミスでもあれば、わたしはそのミスを指摘して技術の担当者を徹底的に叱りつける。

こんなとき、たいてい本人は不満そうな顔をする。それでも、わたしはこんなことが二度とないようしつこく厳重に注意を与える。これで会社が損をしたとしても、たかだか五万円程度のものだろう。だからこそ、わたしはこれ以上ないほど叱るのである。

以前、ある経営者にこの話をしたところ、「サンプル五個でそれだったら、もっと大きな仕事で失敗があれば、どんな叱り方をするのか」と質問された。わたしは「そうなると、も

う叱る叱らないの問題ではなくなるのです」と答えた。

理由はこうだ。五万円の損害なら少々叱ったところで、技術者もまさか辞めるとはいい出さない。ところが、これが五万個の製品の設計図なら五億円の損害になる。こうなれば、その技術者は責任をとって辞めるといい出すかも知れない。

また、完全に自信を喪失して、その後の仕事が手につかなくなってしまう恐れもある。そこまで行かなかったとしても、職場に気まずいムードが流れて、人間関係がギスギスしはじめる。

わたしにとっては、こんなことで大切な社員に辞められたり、やる気を失ってもらっては困る。むしろこちらの損失の方が、目先の金銭的な損失よりもはるかに大きいと考えている。だから、五万円の損害のときに五億円分叱るというところにつながっていく。

会社が倒産するときには必ず前兆や兆候がある。連鎖倒産を除けば、昨日まで順調にやっていた会社がいきなり次の日につぶれてしまうようなことは、まずあり得ない。社員や部下も同じで、普段の小さなミスや失敗を見逃しておくから、やがて致命的な失敗が起こるのである。これも経営者や管理者が人を動かすうえで、肝に銘じておかねばならない重要なポイントである。

60

叱ることより皮肉という スパイスを効かせたユーモアは効果的

以前は社員、特に幹部社員をことあるごとに叱り倒していたわたしだが、最近はあまり叱らなくなってきた。しかし、叱ることを放棄したのではない。ガンガン怒鳴りつけるよりももっと効果的な方法を見つけ出したからである。

それは、皮肉というスパイスをたっぷり効かせたユーモアを利用することである。もちろん、これは誰に対してでも使える方法ではない。気心も知れ、信頼関係が成り立っていることが前提となるが、それさえあれば抜群の効果を発揮する。

つい最近ではこんなことがあった。経営会議の席でのことだ。いつも威勢がよくて、わたし自身が「そこまでやってくれるのか」と感心するような計画を持ってくる、ある経営幹部が、新しい事業計画を発表した。彼の話の内容には説得力もあるし、迫力もある。ところが、これまでその計画通りにいったためしがなく、未達が当たり前という雰囲気になっていた。

その日も彼は、事業計画のコンセプト、社内体制、スケジュール、そして予算の順にとうとうと説明した。そして、席に着こうとした瞬間にわたしは、「すばらしい計画を立ててくれたプレゼントだ」といって、一つのお菓子を彼の前に置いた。「えっ」という表情で、わたしを見つめている彼に、「昨日、鳥取に出張したときに、地元の銀行の人にもらったお菓子だから、遠慮しないで食べたらいい」と続けた。

お菓子を手にとって、シーンと静まり返ったなかで「大風呂敷というんですか、このお菓子」と彼がつぶやいた途端に会議室は大爆笑に包まれた。実際に、中身は小さくて包装紙だけがやたらと大きな「大風呂敷」という名前のお菓子が鳥取にあるのだ。

かつてのわたしなら、「そんな最初からできないとわかっている計画を立てて！」と怒鳴りつけていたに違いない。だが、いくら注意はしていても、怒鳴り出すとどうしても感情が入ってしまいがちになる。最近はそれではあまりにも大人げないと思うようになってきた。また、皮肉たっぷりのユーモアであれば、相手も「ドキッ」とするが、それほど深刻にならなくて済む。

「大風呂敷」の場合は、たまたま格好の小道具があったので計画的にことを運べたが、普通はこんな手のこんだことはやらない。たいていは、ひらめきかアドリブで幹部の心に揺すぶりをかけている。

7章

理屈で人は動かない！　だから——

61

手塩にかけなければ人は育たない

最近はあまり使われなくなったが、〝手塩にかける〟という言葉がある。厳しさのなかにも愛情があふれ、未熟で不慣れな後輩をそれぞれの個性やタイプに応じて、手間暇をかけてじっくりと一人前に育て上げていくというイメージがあって、わたしの好きな言葉の一つである。その手塩にかけるイメージとして真っ先に思い浮かぶのが、幼いわが子に自転車の乗り方を教えてやるときのことだ。

子供は親や近所の友だちが自転車に乗っているのを見て自転車に興味を持つ。会社では、部下が仕事に興味を持つまで待っていられないので、上司がここまでは手本を示す、あるいは実際にやってみせるなど、できるだけ興味を持たせる方向で引っ張っていくことになる。

次にわが子に実際にハンドルを握らせ、子供に不安を与えないように親は自転車が倒れないように支えてやる。そして最初はゆっくりとペダルを踏ませる。これを気長に何回も繰り返す。ここで焦って早く手を離しすぎたり、スピードをあげさせようとすると、自転車が倒れたり、とんでもない方向に進んで大ケガをする原因にもなる。ここで大きなケガをすると子供は一生自転車に乗れなくなるかも知れないので、細心の注意が必要となる。以上が会社では新入社員の導入教育の期間にあたると考えればよい。

次のステップでは、支えるだけではなく後ろから押してスピードをつけ、子供には告げずにそうっと手を離す。しかし、倒れそうになればすぐに手を添えてやる。これも何度か繰り返し、徐々に支える回数を減らしていく。このあたりから「手を離すよ。でも倒れそうになったら、支えてあげる」といった言葉をかけ、同時に「手を離しても三メートル走れた」「今度は五メートルまで行けた」といったように、子供の努力の成果を具体的な形にして評価してやる。ここまでくれば、手を離すのは時間の問題だ。

親がこれだけのことをすれば、子供は親の顔を見るたびに「今日、自転車で……」といった話を聞かせてくれるに違いない。これが手塩にかけるということだ。上司と部下の関係は本来こうでなければならないと思う。

一般論として多くの管理者に見受けられるのが、支える手を離すのが早すぎる、後押しの部分が少ない、努力の成果をきちんと評価していないという点だ。これらが不充分なことを棚にあげて、「部下の能力や努力が足りない」とか「部下が育ってこない」とグチをこぼすのは筋違いだし、部下を思うがままに動かせるはずもない。

62

「大変な時代だが、これだけのことをやれば大丈夫だ」という一言

人間社会はきれいごとだけでは通用しない。現に企業は熾烈な生存競争を行っている。生存競争であるかぎり、勝つか負けるか、生きるか死ぬか。極論を言えば、このどちらかしかない。というよりも、人間が生まれた瞬間から死への道を歩みはじめているのと同じで、会社も創業したときから倒産に向かって走り出すようなものだと、わたしは考えている。

「銀行は大丈夫」「上場企業だから安心」といった一昔前の常識も、もはや通用しなくなった。まさに、「盛者必衰のことわりをあらわす、おごれる者は久しからず」という平家物語の書き出しそのままを、いまの時代が映し出している。企業のトップ、リーダーは常にこうした危機感を持ち、部下とも共有しなくてはいけない。

わたしはわが社の入社間もない社員に対して、機会があるごとに「会社がどんどん大きくなるのと、倒産するのとどちらがいい」と問いかけてみる。

当然のことながら、答えは一〇〇パーセント「大きくなった方がいい」だ。さらに「仕事

はキツイか」とも聞いてみる。これまた一様に「思っていた以上にキツイ」である。すかさず、「キツイから会社が大きくなる。反対にぬるま湯に浸かっていては大きくなるどころか、すぐに会社は倒産してしまう」というように、わかりやすく危機感を訴える。

文字通り〝鉄は熱いうちに打て〟で、こうした危機感の醸成は新入社員の時代からはじめる必要がある。たしかに、最近の若者は口では立派なことをいう。だが、頭デッカチになりすぎて、認識の甘さが目立ち、危機感どころか自分自身の発言に大きな矛盾のあることさえ気づいていないことも多い。

つまり、彼らのいい分を突き詰めていくと、給料はたくさん欲しいがキツイ仕事はやりたくない。早く昇進はしたいが責任が重くなるのはイヤだ。会社や職場のヒーローにはなりたいが地道な努力はしたくない、といった具合になる。

こうした人たちに対して、危機感を植えつけることなく指示や命令を出してみても空振りに終わる。ただ、危機感と悲壮感とを混同してはならない。単に「景気が悪くて大変だ」など騒ぎ立てるだけでは悲壮感は生まれても、危機感は育たない。「大変な時代になったが、これだけのことをやれば大丈夫だ」という明確な指針をトップ、リーダーが示してはじめて、危機感をバネにすることができる。夢やロマン、目標や指針のない悲壮感では、人を動かすことは不可能だ。

63

この三点だけを繰り返し、体で覚え込ませる

当然のことながら相手を自分の思ったように動かそうと思えば、まず自分の考えていることをオープンにして相手に伝え、理解してもらわなければならない。これが人を動かすそもそものスタートで、この部分を素っ飛ばしては目的を達成できるはずがない。「社員や部下が思ったように動いてくれない」と嘆く経営者、管理者ほどこうした努力を怠っているように思う。ただし、これをやるには多大なエネルギーと時間、そして金もかかる。だが、やればやっただけの効果がはっきりとあらわれてくる。

わが社の場合は、わたし自身が講師となり年に何十回となく、一泊二日の新入社員向けや階層別、幹部社員の研修会を行う。どんな内容にするかテーマを決め、前もって資料やレジュメを用意するが、この準備だけでも半日以上のエネルギーと時間を費やすことになる。また、社員を一堂に集めると交通費、宿泊代、食事代などかなりの出費も要する。これだけの投資を行ったとしても、一回や二回の研修会で効果が出るわけではない。まさに継続こそ力

なりで、前回の余韻の残っているうちに次回の研修を実施しなくては、前にやったことが水の泡になってしまう。

さらに、全国の事業所や関連会社に出張したときには、幹部との会議もそこそこに従業員全員を集めて昼食会、夕食会を開く。つまり、社員だけではなく、社員研修には出席してもらえないパートやアルバイトの人たちにも参加してもらい、一緒に食事をしながらわたしの考え方を聞いてもらうのである。

研修会でのテーマ、昼食会、夕食会での話の内容は毎回変化を持たせ、幹部には幹部なりの切り口で、パートやアルバイトの人たちにはそれにふさわしいエピソードを交えたり、話し方をするが、わたしのいわんとすることは、ほぼ共通している。

・楽をして儲かることはない
・うまい話には必ず大きな落とし穴がある
・理屈よりも行動することの大切さ

とことん集約すると以上の三点である。こうした話を何度も何度も繰り返すことで、頭で理解するレベルから、体で覚え込んでしまう域にまで高めていくのである。トップの考える原理原則を会社の隅々にまで伝えていく。これこそが判断や決断と並んで、経営者にとって最も重要な仕事であると考えている。

64

人は「怠けるカメ」と思え

わが社には、「倍と半分の法則」というのがある。モータメーカーとしては後発組で、実績も信用もない。もちろん人手もないし、設備もなければ資金もない。こんな、ないないずくめの会社が、大手の同業他社と競争して一つでも勝てるものはないかと考えたときに、思い浮かんだのが時間であった。一日二四時間というのは、国内のどんな大企業でも、海外の企業であろうと条件は同じだ。この時間を有効に活用することさえできれば、何とか勝負になるのではないか。ここから生まれたのが「倍と半分の法則」であった。

つまり、他社が八時間働いているのなら、わが社は倍の一六時間働く。そうすれば、他社のセールスマンが得意先を一回訪問する間に、われわれは二回訪問できる。また、他社の納期が二ヵ月かかるところなら、われわれは一カ月で納めることが可能になる。要するに、求められるものは半分で、与えるものは倍というのがこの法則の精神で、わが社の伝統としていまも受け継がれている。

この考え方は、ほとんど苦労らしい苦労もしないで育ってきた、いまの若い社員の忍耐力を養うときにも応用できる。忍耐力、辛抱というのは時間との戦いでもある。

「ウサギとカメ」の話がある。足の速いウサギとのろまなカメが駆けっこをして、油断したウサギが途中で眠ってしまい、休みなく歩み続けたカメが追い抜いて勝利したという誰でもご存知の物語だが、現実にはウサギが眠っているときに同じように眠ってしまうカメが大多数なのだ。だから、人を動かすにしても、動かす前に「怠けるカメ」を「怠けないカメ」にしておかなければ徒労に終わってしまう。

人間のなかには、怠けないで走り続けるウサギのような者もいる。しかし、こういう人間はごく一部であって、恐らく一〇〇人に一人くらいしかいないのではないかと思う。また、同じウサギでも、怠けるウサギもいる。これは一〇〇人に四、五人ほど。そして残りの九五パーセントの人間はカメだと考えてよい。しかし、カメでもよいから、怠けぬカメになることが大切だ。同じカメでも怠けぬカメになれれば、何かができるはずだ。ウサギが一時間でやることが一日かかるかもしれない。しかし、鈍足なカメでも休むことなく歩き続ければ、いつかはゴールへ到達できる。そして、怠けるカメが怠けぬカメに成長すれば、次はウサギの域にまで達することも可能だと、私は信じている。怠けるカメが怠けぬカメに、そしてウサギに変身できるかどうかは、すべて本人次第である。

65

「一流への道は大きな苦痛が伴う」という原理原則を教え込め

オリンピックのメダリストであるマラソンランナーにお会いする機会があった。そのときに、「四二キロ余りの長い距離を苦もなくよく走れますね」と質問してみた。すると意外な返事が返ってきた。

「いやいや、そうではないんです。長い距離を走るのにはものすごい苦痛が伴います。だから、次の交差点まで行ったらやめよう、前に見えているあの建物のところまで行ったらやめようと、何十回、何百回となく自分にいい聞かせながら走り続けているのです。振り返ってみると、途中でやめなかったこと。これがほかのランナーより早くゴールインできた原因です」

これは少し前のことだが、たまたまテレビをつけたときに、あるベテランのプロゴルファーがこんな話をしていた。

「よくアマチュアの人から、『プロはいいですね。こんな楽しいゴルフが毎日やれて。しかもお金がもらえるのだから……』といわれることがあります。これは、大きな勘違いで、月に一回とか二ヵ月に一回、みんなでワイワイいいながらやるからゴルフは楽しいのです。それが毎日になって、一打一打のショットに神経をすり減らしていれば、楽しいどころか苦痛の連続です。それでも、前のホールのミスを次のホールで取り返してやろう、前のホールでうまくいったから次のホールでもうまくやろうと、繰り返し挑戦できるから三日間のトーナメントが戦えるのです」

わたしはマラソンをやったことはないし、ゴルフも好きではない。しかし、この二人の話には共感できるし、共鳴もする。なぜなら、わたしは仕事をしながら、これとまったく同じ思いをして、同じことを考えてきたからだ。

若い社員のなかには、「これは自分のやりたいことと違うからやる気が起きない」とか、「これはつまらない仕事だから力が入らない。もっと大きな仕事をやらせてくれれば、本当の力が出せる」と不平をもらす人も多い。だが、二人のプロフェッショナルの言葉を引き合いに出すまでもなく、何をやっても一流への道には大きな苦痛が伴うものだ。若い社員には、まずこうした原理原則をしっかり叩き込んでいくところからはじめることが肝要である。マラソンランナーが一歩一歩着実に歩を進めるように、今日一日をきっちりと過ごす。明日になれば明日の務めに取り組む。それがなければ、絶対にゴールは見えてこない、と……。

66

本当の会社の仕組みを教えるから、職業観が生まれる

わが社も例外ではないが、どこの会社にも「給料が安い」と不満をいう社員がいる。だが、自分の手取りの給料の五倍以上の利益（売上ではない）をあげている社員以外、こんなことをいう資格はないのである。

たとえば、二、三人の友人と一緒でもよいが、個人で何か事業をはじめたとしよう。権利金を払って事務所を借り、机やイスを購入して、電話を引く。そして、仕事に必要な機器や道具を揃える。これだけでも少しまとまった資金がいるが、これ以外にも毎月の家賃や光熱費、電話代、そのほか諸々の費用がかかる。これだけ準備をすればすぐに利益があがるのかといえば、現実にはそうはならない。自分でモノをつくろうが、どこかで商品を仕入れてこようが、信用や実績がなければ、なかなか相手にしてもらえるものではない。

ところが、仮に日本電産に入社したなら、これらのものがその日のうちにすべて与えられる。信用や実績といった目に見えないものを除いたとしても、わたしはこれだけで給料の三

倍を軽く超える価値があると思う。それだけではない。会社は給料の約二倍の人件費を負担している。具体的には、健康保険や厚生年金などの法定福利費、所得税や住民税、退職金のほか、毎月の交通費、いろんな補助も行っている。つまり、賞与は別にしても、給料の五倍ぐらい働いても、収支はトントンだということだ。だから、給料の五倍以上の利益をあげている社員なら「給料が安い」という資格はあるが、それ以下であれば給料泥棒だ。

ただし、新入社員は給料泥棒でも仕方がない。後輩ができるまでの一年間は修業の身と心得て、周囲の人がきっちり働いているのに自分だけが……などと思う必要はない。だが、ぜいたくなグチをいったり、「辞める」とはいい出さないこと。一年も経てば仕事の要領も覚えられるし、仲間もできる。会社の仕組み、機構といったものもわかってくる。仕事がおもしろくなるのはこれらがわかってからの話だ。

一年間は給料泥棒。どうせ盗むのであれば、給料だけではなく上司や先輩の立派な仕事ぶり、知識やノウハウもどんどん盗めばよいし、恥をかくのもいい……。

わたしは、このようなほかの会社なら覆い隠しておくようなことも、ストレートに社員にぶつけていく。特に最近の若い人は職業観がどんどん希薄になりつつある。たくさんの給料が欲しいのなら、それに見合った働きをする。ここから教育をはじめないと、いまの若い人は動かせないのだ。

67

モラルは「押しつける」のではなく、なぜ必要かを説明しておく

わが社が新しく取り引きを開始することになった会社があれば、扱いの量や規模に関係なく、わたし自身が相手先を訪問して必ずチェックしているポイントがある。

一つは、従業員の出勤時間。ちょっとした会社なら守衛室か、工場の入口近くにタイムレコーダーがあるので、簡単に理由を説明してタイムカードを見せてもらう。それで、欠勤や遅刻が目立つようなら取り引き中止を担当者に告げる。

もう一つは、事務所や工場内、敷地内の整理、整頓、掃除が行き届いているかどうかだ。建物が大きいとか小さいとか、新しいとか古いとか、設備が立派か貧弱かというのはまったく関係がない。見た目に汚れがなくても、案内された応接室の灰皿の吸い殻がそのままになっていたり、窓ガラスが三カ月も半年も磨かれた様子がないようであればアウトである。理由は、出勤率と六S（整理・整頓・清潔・清掃・躾・作法）が、その会社の従業員のモラルの高さを示すバロメーターであり、ひいては経営者のモラルのレベルを端的にあらわしてい

ると考えるからだ。たとえば出勤率。従業員がよく休むのは、病気や家庭の事情という止むを得ないものを除くと、会社への不平・不満があることに起因する。これは、遅刻が増える、たまに休むといった初期症状のうちに、上司が話し合いの場を設けるなど適切な手を打てば、問題もスムーズに解決しやすい。ところが、部下が休もうが遅刻をしようが、上司が放っておくからそのうちに辞めてしまう。これなどは上司、経営者のモラルが低い証拠である。整理・整頓・清掃も同じで、不充分なら「やれ」と指示しなくてはいけない。

わたしは、機会があるたびに社員の前でこうした話をする。いや、しておくのだ。他社の例をあげて「こんな会社と取り引きをしたら、とんでもない部品を納めてくる」とやんわりと布石を打っておくのである。そして、わが社の社員が同じことをやると、「わが社もあの会社と同じで、商品を買ってくれるところがなくなってしまう」と注意を促す。

つまり、単に「休むな」「遅刻をするな」「整理・整頓をしろ」というだけでは、なかなか相手には通じない。なぜ、休んだり、遅刻をするのがよくないのか。整理・整頓・清掃が行き届いていなければ、どういう結果を招くのか。このあたりは、そのときになって話をするのではなく、普段からきちんと説明しておく必要がある。このような布石とその場その場での注意と喚起。この二つのバランスがとれてはじめて、部下は上司からいわれなくても自ら行動を起こすようになるのである。

68

不良品は不良社員がつくる

わが社では一九七四年に幹部社員が率先して一年間便所掃除をやり、その後の会議で、企業を運命共同体として考えていくなら便所掃除は最高の基本教育だという結論を得た。以来、翌年に入社した新入社員から、全員一年間は必ず便所掃除を担当するという決まり事があった。（編集部注：現在は廃止）

掃除といってもモップや雑巾、ブラシといった用具は一切使わずに洗い落とし、ピカピカになるまで磨き上げる。実際に、一年間便所掃除をやってみると、無神経な使い方をする者が腹立たしく思えてくるようになる。そうすると、何もいわなくてもお互いがトイレをきれいに使おう、汚してはいけないという気持ちになってくる。この習慣が身につくと、トイレだけでなく、工場や事務所を汚したり、散らかしたままにする不心得者もいなくなる。わたしは、これこそが「品質管理の原点」だと考えている。

不良品が出る理由はいろいろとあるが、行き着くところは六S、つまり整理・整頓・清掃・清潔・躾・作法の不徹底が原因で起こっている。机の上が散らかっている社員は例外なく仕事のミスが多いし、不良品を出すのは決まって掃除の行き届いていない工場だ。もちろん、科学的な根拠に基づく高度な品質の管理手法を学ぶことも大切であろう。これはこれで積極的に取り入れていく必要があるが、その前に意識づけとしてやっておかねばならないことがある。汚れたからきれいにする。つまり、不良品が出たら直せばいいという気持ちから、最初から汚さないようにする。すなわち、お互いが注意をして不良品を出さないように気をつける。こうした風土をつくっていかなければ、いつまでたっても不良品は減らないし、なくなりもしない。

わたしは、わが社の製品のなかに不良品があったと聞くと、すぐに現場に駆けつける。そして工場内の整理、整頓、清掃が行き届いていれば比較的穏便に済ます。しかし、汚なければ責任者を「不良品をつくるのは、不良社員だ」といって徹底的に叱責する。

トラブルが起こりやすい職場は、たいがい汚れていることが多いし、植物や生きものに水をやらないでいることも多い。生きものに水をやる気づかいのない人間が、よい製品をつくっているとはとうてい思えない。また、植物に水をやらない人間に部下を掌握することはできない。すべてがここにつながってくるのである。

69

つぶれる会社、つぶれない会社
――わずかな意識の差が、将来の明暗を分ける

以前に、わが社がM&Aで傘下に収めた会社の社員全員にアンケートを実施したことがあった。最初の質問は「あなたは、これまでに会社がつぶれると思ったことがありますか？」だったが、「イエス」という回答はゼロであった。次の「では、なぜつぶれないと思っていたのですか？」という質問に対する九〇パーセント以上の回答が、「超大手企業の系列会社だから」というものだった。

このようなエピソードを紹介したのは、経営者や社員が絶対につぶれないと思っている会社ほどつぶれる可能性が高いという事実を紹介したかったからだ。山一證券や北海道拓殖銀行が倒産したときも、内情のわかっている一部の経営陣を除いて、従業員全員が「まさか」「信じられない」「寝耳に水」といった反応を示した。すなわち、誰もがつぶれるとは考えていなかったために油断が生じ、怠け心を芽生えさせて、倒産へと走らせたのである。

反対に、社員の一人一人に「こんな品質の商品をつくっていると会社はつぶれる」「こん

な時代遅れの商品の売り方では会社はつぶれる」という意識が徹底されている会社の倒産する確率は格段に低くなる。煎じ詰めていけば、社員教育の目的はここに集約されるといっても過言ではない。

わたしは、さっそく先ほどの会社の幹部社員を招集して、次のような話をした。

「皆さんは出張や家族旅行でホテルに泊まる機会も多いと思うが、最近のホテルのドアはどこも自動ロックになっている。これは、自動ロックのメーカーの人に聞いた話だが、あのロックも人間がつくり出したものだから一〇〇パーセント完璧ではない。何百回、何千回かに一回ぐらいの割合でロックされない場合がある。この話を聞いて、コンマ何パーセントの話なんだから、目くじらを立てることはないと考える人がこのなかにいたなら、会社はもう一度倒産する。反対に、これからは気をつけて、念のためにロックを確認しようという人ばかりなら、倒産の方が逃げていってしまうはずだ」

ほんのわずかな意識の差が、将来の明暗を大きく分けてしまうのだ。こう考えていくと、人を動かすのはそれほどむずかしいことではない。意識を少しだけ変えることによって、当たり前でなかったことを当たり前にして、次からはそれを当たり前にやらせるようにすればよい。必要なのは、その当たり前のことが何かを見つけ、うまく相手に伝える表現力さえ身につければ、必ず人は動かせるのである。

70

チームワークばかり叩き込むと、決断力、指導力が鈍る

現在のわたしが最も関心を抱いているのは、本物のプロの経営者をつくる、すなわち決断力、判断力、指導力で人を動かせる強力なリーダーを育てていくことだ。

わが社の長期ビジョンは、二〇三〇年には売上高十兆円を達成することだが、わたし一人ではとても大人数の社員をコントロールし、動かしていくことはできない。当然いくつもの組織に分けて、ということになるが、この組織のリーダーにプロの経営者としての能力や自覚が備わっていなければ、長期ビジョンも絵に描いた餅になってしまう。

そこでつくづく感じるのは、日本の社会のなかにプロの経営者を育成する仕組みがまったく根づいていないということだ。アメリカの経済に底力があるのは、有名なビジネススクールのなかにマネジメントの専門コースがあり、経営者をつくるためだけの教育を行っているためであろう。ここで教育を受けた卒業生は、いきなり会社の経営を任せられるほどの権威がある。

日本にはそういったスクールはないし、超大手企業にも管理職を育てる仕組みはあっても、経営者を育てる仕組みはない。一流の大学を出た優秀な人材に、長期にわたって御用聞きのような外回りをさせたり、チームワークや協調性の重要性ばかりを叩き込む。しかし、経営者に必要なのは決断力、判断力、指導力などであって、これはチームワークや協調性とは対極をなすものである。二〇歳代、三〇歳代にチームワークや協調性を身につけてしまった人間が、四〇歳代、五〇歳代になって、これまでのやり方や発想から一八〇度転換せよといってみても、そうそうできるものではない。

唯一、官僚制度のなかにそうした仕組みがある。たとえば、財務省のキャリアと呼ばれる人たちは入省して五年もするといきなり税務署長に抜擢され、その後も二、三年のサイクルで主要ポストを歴任する。いわば若いうちから英才実践教育を受け続ける。これがあるからこそエリート官僚は政策立案能力を身につけ、日本がアメリカと肩を並べる経済大国となる牽引役を果たしてきたのである。官僚制度全体にはいろいろと批判もあるようだが、わたしはこの仕組みにかぎっていえば必要不可欠なものだと思う。

わが社もこれに似た仕組みをつくり、時間も投資も惜しまずにかけて、わたしの分身となるべきプロの経営者を育ててきた。まだ人数は数名にすぎないが、今後はテンポアップと、さらなる拡充を図っていく。

71

自分の考え方を完全に理解してくれる分身をどうつくるか

「新幹線は渡り廊下、飛行機はかけ橋」

こんな表現も決してオーバーではないと思う。現場、現物主義のわたしが自宅にもどれるのは一カ月のうち一週間程度、残りの三週間余りはホテル暮らしである。つまり一カ月のうちの三週間以上は海外、国内を問わずどこかへ出張していることになる。裏を返せば、本社をそれだけ留守にしておいても安心していられる。すなわち、わたしの考え方、思想を完全に理解してくれる分身が育ったということである。

彼らとは一年に一、二回ほど顔を合わせるだけ、あとは電話で方向性さえ示しておけば、余計なことは何もいわなくても、ほぼわたしの考え通りに物事が進んでいく。〝一を聞いて十を知る〟という言葉があるが、その一さえいう必要もない。

これは、いまわたしが再建会社で熱っぽく語っているのとまったく同じ話を、数十年以上にわたっていい続けてきたことが最大の理由だが、ただそれだけでは経営者は育たない。同じ話を繰り返し聞かせるだけで、経営者が育つのであれば、テープレコーダーが経営者を育てる天才だということになる。わたしの経験からいえば、一人の経営者をつくろうと思えば、最低一〇年の歳月と一〇億円の投資が必要となる。

経営は理屈ではない。まず理屈から入らなければならないのはたしかだが、実践の伴わない理屈は、それこそ空理空論に終わる。そこでわたしは、入社一〇年目ぐらいの「これぞ」と感じた社員に実践させるのである。具体的には、子会社の経営を任せたり、新しく会社をつくらせる。この段階になれば、それこそ辛抱と忍耐の虫にならねばならない。

たとえば、「これでは三カ月も経たないうちに赤字になる」「この問題を放置しておけば早晩どこかで座礁する」と思っていても、一切口出しはせずに黙って見守る。やがて失敗が表面化する。ここではじめて、失敗したのはどこに問題があったのか、どういった対策をとっておけば失敗が防げたのか、今度はこうした失敗の教訓を理屈で解きほぐしていく。

これを約一〇年繰り返す。損失額もトータルで一〇億円ぐらいは覚悟する必要がある。いまのような学校教育と家庭教育で育った社員を、充分に投資もしないで、順送りの人事だけで、自分の分身といえるようなプロの経営者をつくることは不可能だ。かつてのような高度経済成長の時代ならいざ知らず、二一世紀にこれができていなければ、創業者一代で会社は終わる。

8章

リーダーの敵は、妥協である

72

自分が働くことが好きでなければ人は動かない

会社の経営なんて実に単純明快である。原理原則に従って、当たり前のことを当たり前にやる。これ以上でもなければ、これ以下でもない。〝継続は力なり〟という言葉があるが、唯一継続こそが力であって、誰にでもわかっている当たり前のことを、いかに持続させていくか。極論すると勝負を決するのはこれだけだ。

われわれは小学校のときに、「日本は天然資源の乏しい国で、海外と競争をして勝てるのは勤勉で優秀な労働力だけだ」という風に学んだ。事実、わが国がアメリカと肩を並べる経済大国にのし上がることができたのは、かつての日本人がそれこそ寝食を忘れて働いた結果であることは明白であろう。

ところが、豊かになるにつれて、やれ休みがどうだとか、労働時間が長すぎるといったことばかりが議論され、一生懸命働くことが罪悪でもあるかのような気風さえ蔓延していた。つまり、苦を放り出して楽だけを求めようとした。しかし、これは原理原則に反する行為だ。

その反動でいまの不況を招いたわけだが、企業はやれリストラだ、スリム化だと安易な道ばかりを選択し、社員に「もっと働こう」とハッパをかける経営者はほとんど皆無である。
このようにいうと、「ただでさえモノ余りの時代に、そんなにモノをつくってどうするのか」といった反論が返ってくる。しかし、モノはまったく売れていないのだろうか。いかに不景気であろうが、消費がゼロになったわけではない。より多くの人たちに必要とされるモノをつくり続けるかぎり、モノが売れなくなることはない。必要とされるモノをつくり出す努力を怠ったからモノが売れなくなったのである。
いかなる時代であっても、経営者には社員に対して、「もっと働こう」と胸を張っていえる信念と自信が不可欠である。社員にこう訴えるかぎりは、経営者は社員の二倍、三倍働かなくてはいけない。わたしは創業以来、三六五日フル出勤、正月もなければ、夏休みもない。朝七時には一番乗りで出勤し、夜は九時、一〇時まで働くのが当たり前になっている。（編集部注：働き方改革を宣言してからは、朝七時以降に出社、夜は七時には退社している）
昭和一九年生まれのわたしは、本格的な後継者づくりを真剣に考えはじめているが、その条件はたった一つ。日曜の夜が楽しく、月曜の朝はもっとワクワクするという人物だ。いくら経営センスにすぐれていたり、能力が高かったとしても、休みの前日になると生き生きして、月曜の朝にしょぼくれているような人物に大切な会社は任せられない。

73

全体の二割を味方につけろ！

現在の日本はリーダー欠如の時代である。政治の世界を見ても、経済界を見渡しても、強力なリーダーシップを発揮してグイグイと人を引っ張っていくようなリーダーは皆無だといってもよい。この結果、新聞各紙のトップを飾るような斬新な技術や商品は生まれてこないし、ベンチャー企業も育っていない。企業にも管理者はいても経営者はいないというような状況になっている。

文字通りの閉塞状態で、これから日本は重大な危機、困難に陥るであろうことは容易に想像がつく。そして、一度行き着くところまで行って、「これではいかん」ということになり、本腰を入れて改革を推進する強力なリーダーが出てくる。国が存亡の危機に見舞われたときに、英雄があらわれるというのが歴史の必然で、そうなるにはまだ五年や一〇年の歳月が必要であろう。

国民としては、そうした英雄が出現してくるのを待ち、この英雄が誤った方向に向かわないか厳しく監視する以外にない。だが、経営者の立場になるとこんな悠長なことをいってはいられない。世の中に蔓延している不況感に飲み込まれないように、さらには日本社会を覆っている閉塞感とは一線を画し、たゆまぬ自己改革に取り組んでいくのがリーダーの責務で、これができなければ生き残っていくことはできない。

だが、みんなの頭のなかでは改革が必要だとわかっていても、実際に着手しようとすると強く反対する者も出てくる。この反対を押し切って改革を断行すると反発する人間も増える。もちろん、全員が反対するような改革では成功はおぼつかないが、リーダーに先見の明と強い意志があり、二割の社員の支持があれば改革は成功すると思う。

なぜ二割かというと、人間の視野は三六〇度の八割、すなわち三〇〇度近い広がりがある。しかし、真後ろの六〇度ぐらいはどうしても目の届かない盲点ができる。二割の支持者にはこの盲点を補う目になってもらうのである。そうすれば、少なくとも真後ろからの闇討ちだけは受けることがない。

この二割の法則は、管理者としての資質を判断する場合にも応用できる。たとえば、わが社の課長や部長が部下全員に嫌われているのであれば、不適格だと認めざるを得ないが、二割の部下の支持や信頼があれば、わたしは管理者としてギリギリの合格ラインに入っていると思っている。

74

自分の考え方を話すときは裏づけを用意しろ！

経営理念や経営計画を掲げていない企業は恐らくないだろう。だが、立派な経営理念を持ちながら、それが単なるお題目に終わっている企業が多いのではないだろうか。また、年度はじめに年間計画や中長期の経営計画を発表しても、そうした計画がかけ声だけで実現したためしがない。あるいは目標にはるか及ばなくてもトップが涼しい顔をしている、というのでは、はっきりいって社員はついてこない。

日本電産をたった四名で旗揚げしたときに、わたしは会社の基本方針をしっかりと決めておくことが大切だと考え、ほかの三名と知恵を出し合い『経営三原則』を策定した。

一．企業とは社会の公器であることを忘れることなく経営にあたる。
すなわち、非同族企業をめざし何人《なんぴと》も企業を私物化することを許されない。

二．自らの力で技術開発を行い、自らの力でつくり、自らの力でセールスする独自性のある企業であること。

すなわち、いかなる企業のカサのなかにも入らない独立独歩の企業づくりを推進する。

三．世界に通用する商品づくりに全力をあげ、世界の市場で世界の企業と競争する。

すなわち、インターナショナルな企業になることを、自覚し努力する。

わたしの自宅の一室を事務所にして、四名の人間が鳩首《きゅうしゅ》協議してつくった経営理念がこれであった。もちろん、仕事もなければ、まだ工場や設備もないときにである。いまになって考えると面映《おもはゆ》い気持ちがしないでもないが、それからこれまで、わたしはこの理念に則って経営に取り組んできた。もし、この経営三原則がなければ、恐らく今日の日本電産はなかったであろう。

また、経営計画についても、創業一〇年目ぐらいからは年々売上を倍にすると宣言し、以後七、八年ぐらいは、それに近い売上を達成した。その後も海外生産や上場（東証ならびに大証一部、京証への上場）といった目標をおおむね計画通りに実現してきた。

これは、多くの人を動かすうえで非常に大事なポイントである。わたしは、社員研修会を開いて、これまでの経験を事例にいろんな話をするが、そのときも「こうした考え方でやってきて、実現した結果がこうだ」と社員に見せる裏づけとなるものがなければ説得力を持たない。人を動かす信頼関係のベースになるのは揺らぐことのない信念、そして計画したことは必ず実現させるという執念が不可欠だという一例である。

75

はじめて部下を持ったときの三つの原則

はじめて部下を持った人は、昨日までの自分の立場を振り返ってみることだ。いかにすばらしい上司であっても、イヤなところがいくつかあったはずだ。それを反面教師にするのが部下の心をつかむ最も手っ取り早い方法だ。

つまり、長所はどんどん真似て、イヤだったことはその逆をやる。実に簡単な理屈だ。ところが、人間というのは摩訶《まか》不思議なもので、上司の長所はなかなか取り入れられないのに、欠点の方はいとも簡単に真似てしまう。このあたりに充分に注意しないと部下の信頼は得られない。

もう一つ大事なポイントは、部下が何か間違いを犯したときに「ここが悪かった、あそこが間違いのもとだった」といった具合に上司が部下をじわじわと追い込んでいかないことだ。これをやると、逃げ道を失った部下は「オレだけが悪いんじゃない。会社のシステムにも問題があるし、前もって上司が一言アドバイスしてくれていれば、こんな問題は起きなかったはずだ」といったように、責任を転嫁することばかりを考えるようになる。これでは、すべてが逆効果になってしまう。

では、こんな場合にはどう対処すればよいのかといえば、上司は部下から間違いを犯した経緯についての報告を受けるという形にして聞き役に回るのである。開き直りにならない程度の言い訳には耳を傾け、「ところで問題はどこにあったのだろう」というような問いかけをすることで、本人自身に過ちに気づかせて反省を促す方向へ持っていく。そして、最後に「誰でも一度や二度の失敗はある。失敗がなければ大きくもなれない」といった言葉をかけて、励ましてやるぐらいの器量が必要だ。こういった対応ができれば、部下もグンとやる気が出てくると思う。

反対に、成功したときにはストレートに喜びを表現する。「すごいじゃないか、おめでとう」と声をかけ、手を握り、肩を叩くなど全身を使って喜びをあらわす。一緒に祝杯をあげるのもいいだろう。

もちろん、これらの方法は、はじめて部下を持った人だけではなく、部下を持つすべての人に使えるテクニックであるが、特に若葉マークをつけたリーダーは、少なくともこの三つのやり方を身につけてほしい。これが部下の心を動かす一番の近道である。

76

部下に対しては本音と建前を使い分けるな

部下を思ったように動かせないと感じているリーダーは、普段の自分の何気ない言動を見直して、むしろその反対をやってみるべきであろう。

たとえば、職場では部下に対して、ほとんど叱りもせず、適当な褒め言葉をかけてお茶を濁している。ところが、自分の上司の前や社外に出ると、「部下のできが悪い」とか「部下にやる気がない」といった不平、不満をぶつける。これは自らの無能ぶりを吹聴しているようなもので、できの悪い部下、やる気のない部下を放置しているのは一〇〇パーセント自らの責任であることに気がついていないのであろう。こうしたリーダーはできの悪い部下を一人前にする、あるいはやる気のない部下にやる気を起こさせるのがリーダーの務めだということを忘れてしまっている。

そして、いろいろなところで部下の不平、不満をぶつけるから、話に尾ひれがついてやがて部下の耳にも入る。聞いた部下は上司に不信感を抱き、ますますやる気を失ってしまうという悪循環に陥ってしまう。わたしは社内では部下をボロクソに叱ってばかりいるが、社外に向かっては「わが社の社員はすばらしい。尊敬に値する」といい続けている。「トップのわたしが社員に褒め言葉一つかけてやれない不器用な人間なもので、社員の顔を見ればまるで犬や猫のように叱りつけてばかりいる。それでも我慢をして、朝早くから夜遅くまで頑張ってくれる。短気なわたしには絶対に務まらない。わたしだったらとっくの昔にさっさと辞めている。途中でリタイヤしないだけでも頭が下がる」といった具合に褒める。

この言葉に嘘偽りはない。心底こう思っているから何ら抵抗なくいえる。

しかし、世間にはこれの反対をやる人物が大多数を占める。本人の前では心にもないお世辞を並べ立て、陰に回ると悪口をいい触らす。これでは相手に不信感を植えつけることはあっても、人の心をとらえることはできない。

苦言を呈するという言葉があるが、本当に相手のことを思ってアドバイスするのであれば、直接本人に面と向かってやるべきだ。そして、本人がいないところで、その人の短所や欠点を話題として取り上げるべきではない。重要なのは少なくとも部下に対しては本音と建前を使い分けないということ。たったこれだけの筋を通すだけで、部下の上司を見る目が変わるはずである。こうした理屈のわからない人間は、リーダーになるべきではないし、経営者もリーダーにしてはならない。

77

一日一〇〇回でも同じことをいわないと、考え方、方針は理解されない

部下とは、これまでに何度かじっくりと腹を割って話し合ったから、オレの考え方や立場、方針などを理解してくれているはずだ、と考えているリーダーは多い。だが、わたしにいわせれば、これは完全な勘違いである。

生まれ育ってきた環境、受けてきた教育、経験してきたこと、影響を受けた人物や友人などすべてが異なる他人同士が、二度や三度話し合ったくらいで、お互いを理解できるはずなどないのである。同じ親、同じ環境で育った兄弟姉妹であっても、兄や姉は弟や妹を理解できないというし、弟や妹は兄や姉の考えていることはわからないという。リーダーと部下のギャップは、兄弟姉妹のそれとは比較にならないくらい深くて大きいと考える方が自然であろう。

ならば、どうやってこのギャップを埋めるのか。これは、それこそ部下の耳にタコができるまで、同じことを繰り返し繰り返しアナウンスし、リーダー自らも率先垂範で部下に手本

を示す以外に道はない。要は、リーダーと部下との根比べなのである。

たとえばわが社の『三大精神』である「情熱・熱意・執念」「知的ハードワーキング」「すぐやる、必ずやる、出来るまでやる」は、日本語、英語、中国語、タイ語の四ヵ国語に訳して並べたポスターをつくり、国内、海外の拠点のいたるところに貼ってある。

貼ってあるのだからこれでよしと考える人物は、リーダーとして失格だ。単なる体裁、かけ声だけの精神やスローガンならわざわざ手間暇かけてつくる必要などない。部下に対して一日に一〇〇回この言葉を投げかけ、またこの精神にのっとって判断を下し、行動面でも実践していくのが本物のリーダーとしての条件である。

実際に試してみるとわかってもらえると思うが、部下に対して会社のスローガンを一日に一回口にしたとすると、部下には「またか、もうその言葉は聞き飽きた」という気持ちが芽生え、場合によっては拒否反応を示すようになる。

ところが、リーダーが一日に一〇〇回、これを一年間口にし続け、あらゆる場面で自らも実践していけば、やがて部下は何もいわなくてもリーダーを見習うようになる。勝負に勝つためには、まず自分との勝負に勝たねばならない。その情熱、熱意、執念は必ず部下に通じる。これこそが真の教育であり、人を動かす最大の要素でもあるのだ。

78

部下の身近な問題を解決できないトップは信頼されない

「超エリートは役に立たない」といった経営者の声をよく耳にする。これは、わたしも同感である。なぜなら、学校でずっと一番を通してきたような人は、これまでが成功の連続だったために、ちょっとした失敗にも耐えられないことが多い。つまり、競争には強いが精神的には脆《もろ》い。ライバルには勝つことができても、自分自身には克てないという結果になりやすい。

これからの経営者やリーダーをつくっていこうとするのであれば、わたしはエリートよりも自由奔放な人間に軍配をあげる。

われわれの学生時代には、クラスに必ず一人や二人は先生をてこずらせ、困らせていた連中がいた。何回叱られても授業中に弁当を食べる。授業は退屈だといって、先生を質問攻めにする。先生が少しでも間違いをやると、はやし立てたりあげ足をとる。それでも、いまの学生のように勝手に教室から飛び出して、どこに行ったのかわからないというようなことはなかった。欠かさず授業には出ていたし、点数は高くなかったがきちんとテストを受けて及第点をとっていた。

先生も彼らに対して手を焼いていたが、嫌ってはいなかった。むしろ、何かあると「君が責任を持ってやれ」と結構頼りにしていたし、かわいがってもいた。そういう連中は、人のイヤがることも引き受けてやったし、細かなことにはあまり頓着しないという豪快な一面も持っていた。

反対に、エリートはみんなから好かれよう、嫌われたくないといった意識が強く働きすぎていたように思う。他人の目や評価を気にしすぎるあまり、大胆になれない。多くの反対者を押し切って、これまでのやり方を変えていこうという気持ちにはなりにくいようだ。このことが、徐々に会社を蝕んでいく。

経営者は多少嫌われていたとしても、結果さえ出せば社員の支持を得ることができる。この結果の最大のものは利益であるが、これまではとてもできないだろうと思っていたことができた、あるいは社員が普段から感じていること、たとえば社員食堂をつくってほしいとか、ロッカールームが狭いといった身近な問題点が、一つ一つ着実に解決されていけば、大多数の社員の支持は必ず得られるものだ。いくら社員から好かれていても、結果の出せない経営者は支持を集めることはできないのである。

79

トップの指示や方針を咀嚼《そしゃく》して、具体的な指示を出せ

仮に、ある会社の経営トップが幹部会議で「非常に厳しい経済環境になってきたので、全部門で一〇パーセントの経費節減を達成しよう」という指示を出したとしよう。この指示が末端の社員までなかなか伝わらない企業がある。一方に、翌日には「一〇パーセントの経費削減という社長の指示が出た」とだけ社員全員に伝わっている企業があったとする。一見すると、この両社には大きな開きがあるように映るかも知れない。しかしどちらも五十歩百歩、両社とも遅かれ早かれ倒産してしまうだろうとわたしは考えている。

なぜなら、後者の上司はトップの指示を単にオウム返しで部下に伝えたにすぎないからだ。果たしてこの会社の上司たちは、自分の責任を全うしたといえるのであろうか。答えがノーであることは明らかである。いかなる場合でもそうだが、リーダーが部下に指示を出すときには、噛み砕いて、より具体的なカタチにしなければ意味がない。経費を一〇パーセント削減するのであれば、A君ならこんな方法もあるし、別のこういったやり方もある。またBさ

んにはまずこういった面を見直して、次にはこんなところも改善してほしいといった具合に、トップの指示を自分なりに咀嚼して、一人一人が何をすべきかを明確にして指示を出す。これこそがリーダーの役割であり、責任でもある。だが、現実にはこうしたことのできないリーダーが多く、特に若いリーダーにこれが目立つ。わたしは、これも最近の学校教育の弊害の一つなのかと、ふと思うことがある。つまり、丸暗記することはできても、アレンジしたり、相手の考えている本質から外れない範囲で自分の言葉に置き換えたり、自分流に解釈できる人が少なくなっている。これはかなり優秀なリーダーでも例外ではない。

国際化や規制緩和が進展していくなかで応用力が乏しい、あるいはその場そのときの状況に合わせて臨機応変な対応や判断ができないというのは、これからのリーダーには致命的な欠陥となる。たとえば、いろんな商品にしても、昔なら一〇年ぐらいは寿命があったので、むしろトップを走るより、ヒットした商品の二番煎じ、三番煎じで後を追いかけた方が安全で確実だった。だが、いまの商品の寿命は半年から長くて一年といわれる。つまり、常に業界の先頭を走っていなければ、すぐに落ちこぼれてしまうということだ。

先の例でいえば、翌日には社員全員がトップの指示を具体的な行動に移せるような仕組みになっていなければ、これからの時代に企業は生き残っていけない。より具体的な指示を与えて部下を動かすリーダーの役割がますます重要になっている。

80
トップダウンでしか動けない人間に、人を動かす資格はない

少しわが社のことをご存知の方なら、日本電産は猛烈なワンマン会社だと思っておられるようだ。だが、これは実態とはかなりかけ離れている。一例をあげると、仮にある部長がわたしに決裁を求めてきたとする。このなかにはトップの決裁が必要なものも含まれてはいるが、部長の判断で決裁すべき案件の方が圧倒的に多数を占める。

このような場合、以前ならいきなり「君は何のために部長をやってるんだ」と怒鳴りつけたものである。しかし、最近は「君はどう思うのか」と尋ねて、明確な答えを用意しているのなら、それでよしとしている。とはいえ、ロクに自分の考えも持たずに何でもかんでも、答えをトップに求めようとする部長だと、頭にカーッと血がのぼる。

要するに、上を見て仕事をするなということ。部長の目がしっかりとユーザーに向いているのであれば、「ユーザーの立場に立って、わたしはこのように判断しました」とはっきり断言できるはずである。わたしは管理者にこれを求めているのであって、トップの喜びそう

な判断、決断では決してない。わたしは、社員一人一人が自分で考え、自分で決断し、そのなかでリーダーはリーダーとしての指導力がフルに発揮できる組織をつくりたいと思っている。ソニーやホンダのような自由で、個性の活かせる会社だ。上意下達、トップダウンでしか動かないような組織は、早晩、時代の藻屑《もくず》となって消滅する運命をたどる以外にない。

もう一つ、わが社には労働組合がない。これもわたしは不満に感じていることで、かねてから、「多数の社員の意見を取りまとめて、社長と直談判したいという労組の委員長があらわれたなら、その場で重役にする。何なら、いつでもその人物と社長を交替してもよい」と、むしろ挑発してきたぐらいだ。しかし、いまの若い人たちにそんな覇気、野心はほとんど見られない。

ちなみに、わたしが学生時代にあこがれたのは、一番がヤクザの親分、二番目が労働組合の委員長、三番目が社長だった。たとえ数十名であっても、社会の枠からはみ出したアウトローを牛耳るヤクザの親分は人使いの天才、何百人ものワーカーの気持ちを一つにまとめあげることができる労組の委員長は人の心をつかむ名人だと考えたからだ。

ヤクザの親分、労組の委員長と比べれば、こと人を動かすことにおいて社長は足元にも及ばない。ましてや一〇名、二〇名の組織の管理者が、「部下が思ったように動かない」とグチをこぼしている姿は見たくない。

81

組織を乱す考え、行いには毅然たる態度で臨め

数名の組織なら、リーダーが強力であれば一致団結することは可能だと思うが、組織も、二〇名、三〇名ともなると反対勢力や不満分子も出てくる。仮に、三〇名の組織に五名の反対勢力や不満分子がいたとしよう。一般には残りの二五名という大多数を味方につけているのだから取るに足らないこと、勝手にやらせておけばいいと考えがちだが、実際にはこの五名を動かせるかどうかで組織の成否が決まる。

なぜなら、これはガンと同じで徐々にではあるが、確実に組織を蝕んでいくからだ。当初は五名であっても、やがては一〇名になり、一五名になっていく。ガンを完治させるのに、早期発見、早期治療が最も有効であるように、組織のガンに対しても早期発見、早期治療を断行していかねばならない。

具体的には、そういう動きがあることをキャッチしたら、まずマンツーマンで話し合うことが必要となる。「全体のチームワークを乱すような行為が目立つように思うが、いったい

何が原因なのか」と尋ねて、一人一人の言い分に耳を傾ける。耳を傾ける姿勢は大事だが、個人的なわがままや不満、会社のポリシーや方針に背くものは、その理由を明らかにして「ダメだ」ときっぱり断言するなど毅然たる態度を示すことが重要である。

基本的な姿勢としては、もと通りのサヤに収めるように全エネルギーを結集して説得にあたる。しかし、中途半端に妥協をしたり、表面だけを取り繕って問題を先送りにすると将来に禍根を残すことになるので、是々非々の立場を貫き通さなくてはいけない。

もう少しいえば、温情と冷酷のバランスなのである。人は、温情だけでも冷酷だけでも動かない。飛行機の主翼と同じで、一方の翼は温情、もう一方の翼は冷酷。これでバランスをとらなければ失速して墜落してしまう。

最近もこんな話があった。ある関連会社の幹部の一人に勝手な行動ばかりが目立ち、役員が手を焼いているという。この幹部はとても優秀なことから、辞められると困るので役員は温情だけで対応してきたようだった。そこでわたしは彼を呼び、「上司の指示に従えないのなら、辞めてもらってもかまわない」といい切った。すると、彼の態度は一変した。

組織内の反対勢力、不満分子に対して、最終的にはこうした断を下さねばならない場面も出てくる。組織全体のチームワークや連携プレーの重要性を考えると、経営者やリーダーは必要なときには、ばっさりと切り捨てることも躊躇《ちゅうちょ》すべきではない。

9章

組織を動かす人が
絶対知らなければならない「考え方」

82

キャリア、年齢、学歴は一切関係ないと考えろ！

部下が上司を信頼し、尊敬するのにはそれなりの条件がある。豊富な知識や人脈、情報量、人間性などもその条件であるが、こと能力に限定すればどれぐらいの格差が必要なのであろうか。一般社員と課長クラスでは最低でも五倍、部長クラスになれば軽く一〇倍ぐらいの能力差がなければならないというのが、わたしの考えだ。わかりやすく数字で示すと、一般の営業マンが月に平均一〇〇〇万円の売上をあげているのであれば、営業課長は五〇〇〇万円、営業部長であれば一億円の売上が必要になるということである。だが、現実にはこれだけの能力の差をつけられる管理者は、ほんの一握りしかいないのが現実だ。せいぜい二倍から三倍程度の格差で課長や部長をやっている。しかし、経営者の立場からすると、管理者と部下との力が接近していればいるほど、さまざまな問題を抱えることになる。

その一つが部下をクサらせ、やる気を失わせることである。口には出さなくとも「そんなに能力には差があるわけではないのに、もらう給与、賞与は差がありすぎる」「われわれが頑張っているから部長や課長をやっていける」というような気持ちが、部下の間に芽生えてくるだけでも会社にとっては大きなマイナスである。もう一つは、部下の目標がこぢんまりとまとまってしまうということ。「あの程度の実力で課長や部長になれるのか」と部下が感じるようでは、会社の成長どころか存続していくことさえ危うくなる。経営者はこのことを肝に銘じておかないと、組織が動脈硬化を起こしてしまう。

わが社の場合、管理者の登用にキャリア、年齢、学歴は一切関係ない。能力、実力一辺倒で、誰もが納得のいく人事考課制度を採用している。だから、部長になるまでは頑張ったのに、部長になった途端に気を許したというのであれば、相応の役職に降格することも辞さない。また、部長の席が空席になっているからといっても、順送り人事はやらない。適任者がいなければ、役員や社長が代行する。

一方で、わたし自身が先頭に立ってかなり厳しい管理者教育も実施している。ライオンはわが子を谷底へ突き落として、はい上がってくることのできた子供だけを育てるといわれるが、わが社の管理者教育もこれに近いところがある。一匹の狼が率いる四九匹の羊の集団と、一匹の羊が率いる四九匹の狼の集団が戦ったなら、狼がリーダーの集団が勝つ。

組織をダイナミックに動かそうとするなら、まず強いリーダーを選び、育てる。この原則を無視する経営者に輝かしい未来はない。

83

まず組織ありきでは人は動かない

「まず組織ありきでは人は動かない、余分な人ありきでは組織は動かない」というのが、わたしの人と組織に対する考え方である。

「まず組織ありきでは人は動かない」の方から説明していこう。

わが社の成長に拍車がかかりはじめたのは、創業一〇年目の一九八二年からである。八二年度の売上は四一億円だったが、八九年度にはその一〇倍強の五〇〇億円を突破した。当時、工場は常時増設を繰り返していたが、それでもフル稼働。そこへ新たに大量注文が入ると、既存の工場ではとても間に合わず、注文を受けてから工場を建て、設備や機械を発注する。技術者もこの工程に何名、あの工程に何名足りないから大急ぎで探せといった具合だった。

いまになって当時のことを振り返ってみると、みんなもよくやってくれたものだと感心する反面、背筋に寒さが走る。たしかに勢いがあるときには、多少の無茶も通ってしまう。ここまでは無我夢中で駆け抜けてきたが、まず組織ありきのやり方では、いずれ破綻してしまう。こう考えたわたしは、日本中がバブル景気に浮かれているこの時期をあえて選んで、組織先行拡大路線から人の成長に合わせた組織づくりへと路線変更を行った。当時の売上高の推移を見ると、九〇年度から数年間はほぼ横這い状態で一進一退を続けている。そして、このインターバルが見事に効を奏した。国内の景気が低迷しはじめ、不況がどんどんと深刻化していくなか、わが社は元の成長を取りもどした。いやそれをはるかに上回る勢いがつきはじめた。かつての成長との違いはしっかりと地面に足がついているということである。ちなみに、九三年には六〇〇億円だったグループの売上が、九四年には七三〇億円、九五年には八六〇億円、九六年には一〇〇〇億円を超え、九七年には二三五〇億円となった。

次に「余分な人ありきでは組織は動かない」というのは、組織のなかにたった一人でも余分な人がいると、途端に風通しが悪くなって、上司の意志や指示が部下に伝わりにくくなる。また、部下の動きや状況が上司に届きにくくなってしまう。要するに、組織はできるだけシンプルでなければ、本来の機能を発揮しなくなるということだ。複雑な組織をつくり、余分なところに人を配置して、誰にどこまでの責任があるのか、この境界をわかりにくくして組織の機能マヒを起こさせるのはひとえにトップの責任である。

これに関連して、もともと責任のないスタッフに力を与えるのは自殺行為にも等しい。スタッフに比べて、ラインの長に力がない組織もすぐに機能マヒに陥ってしまう。

84

ユーザーを意識する組織をつくれ

これは自戒の念をこめて披露するのであるが、ベンチャー企業の最大の落とし穴が「技術過信」であろう。製品がどんどん売れ出し、会社も大きくなってくると技術力に対する自信が過信へと変わっていきやすい。だが、技術が非常にすぐれている、製品の性能がよいからというだけで、将来にわたって製品が売れ続け、ビジネスとして成り立つという保証は何もない。

では、技術過信はどういった弊害をもたらすのであろうか。その最たるものが社内に「つくりさえすれば売れる」というムードがあふれてくることだ。営業部門は「製品さえあればいくらでも売れる」と技術部門にハッパをかける。技術部門はマーケットは二の次にして自信たっぷりに続々と製品を開発する。これではすぐに行き詰まってしまう。

わたしはベンチャー企業が忘れてはならないキーワードは、「売ってからつくる」こと。すなわち、「こんな製品を開発したから買ってください」ではなく、「貴社に必要なこの分野の製品は、すべてわが社でつくります」という姿勢だと考えている。だから、社員に対して「一にマーケティング・セールス、二、三、四がなくて、五に技術開発」というのが、わたしの口癖になっている。それほどベンチャー企業にとってはマーケティング・セールスが大切だということである。

「売ってからつくる」ことは、「勝ってから戦う」ということでもある。戦ってみなければわからないというのなら、まだ慎重にもなれる。しかし、戦えば勝つと過信して戦いを挑めば必ず油断が生じる。勝負とはそんなものだと思う。だからこそ、勝ちを最初に決めておいてから戦いをすべきだという理屈にもなっていく。

だからといって技術を軽視しているわけではない。基礎的な研究、基礎技術の蓄積には、たゆまぬ努力が払われねばならない。しかし、それとモノづくりとは切り離して考える必要がある。モノづくり優先の考え方だけで経営を進めていくと、一歩間違えば在庫の山を抱えてしまうことになりかねない。銀行も、ベンチャー企業の技術力に対して融資してくれるのではない。製品が売れ、利益があがって返済できるという見込みに対して金を貸してくれるのである。

「技術過信に陥らず、ユーザーを常に意識して、ユーザーを軸にして技術力を発揮すること」わたしが技術者に口を酸っぱくして訴えているのは、この言葉である。

85

社員の三つのタイプ——「人を動かせる」のは第一のタイプだけである

わたしは、社員には大きく次の三つのタイプがあると考えている。第一は自ら仕事に燃えられる自燃力のあるタイプ。第二は他人が仕事に燃えるのを見て、刺激を受けて自分も燃えるタイプ。第三がまったく燃えない、あるいは燃えようとはしないタイプだ。

これからの厳しい経済環境下で企業が生き残っていくためには、当然のことだが年齢やキャリアに関係なく第一のタイプ、すなわち自燃力のある人物をリーダーにすべきである。

しかし、生まれ持って自燃力を備えているような人材はごくわずかで、大多数の人間は楽を求めるのが普通だ。仕事というのは、本来決して楽しいものではない。「もし、仕事が本当に楽しいものなら遊園地や映画館などと同様に、わたしは毎朝会社の玄関に立って社員一人一人から入場料を徴収する」と社員にもいうことがあるが、給料やボーナスを払うこと自体、働いたり仕事をすることが、いかに大変で、苦しいことであるかの証明でもあろう。

だが、苦労や困難から逃げようとすると苦労や困難は追いかけてくるし、楽を追いかけようとすると楽は逃げていく。これはわたし自身が過去の経験から割り出したテーゼである。この理屈が理解できる社員は、おのずと自燃力を持つようになる。

たとえば、わが社の営業マンの一人は小さな会社ばかりを相手にしていたが、それでも結構な実績をあげていた。ところがあるとき、彼個人としては致命的な、当時のわが社にとっても相当な痛手をこうむる不渡りを食らった。わたしは彼を震え上がらせるほど怒鳴りつけた後で、苦労や困難から逃げようとするから、結果的に苦労を背負い込んだのだという話をした。翌日、スッキリした顔で「もう一度だけチャンスをください。このままでは辞めるに辞められません」といってきた彼は、その日から小さな会社にアプローチするのをやめて、上場企業以外に足を運ばなくなった。最初は相当苦労したようだが、一度きっかけをつかむと、とんとん拍子にうまく行くようになった。

人間の大多数は第二のタイプ。他人に刺激されて燃えるか、刺激の受け方によっては燃える可能性を秘めている。こうした第二のタイプの着火剤になれる、すなわち人を動かせるのは、自燃力を持った第一のタイプ以外にない。年齢やキャリアが浅いといった理由から、彼らのリーダーへの道を閉ざしているような企業に明日はない。第一のタイプを中心に、燃える組織をつくり上げることができれば、あえてリストラなどやらなくても、第三のタイプは自然に排除されるはずである。去る者は追わず、別れるのも何かの縁だと思っている。

86

社内結婚をしたくなるような会社にする

会社によっては社内恋愛や社内結婚をあまり好ましいこととは思っていないところもあるようだが、わが社ではこれを奨励しており、ほかの会社と比べても社内結婚の比率はかなり高い。そして、わたしも幹部社員も喜んで仲人を引き受ける。

奨励するかしないかは別にしても、そもそも「社内結婚だけはイヤだ」というような職場や会社に未来はあるのだろうか。たとえば、女性社員が同じ職場で働いている男性社員にまるで魅力を感じない。ましてや結婚しても将来に不安が残るだけで、プラスになりそうなことは何もないというのであれば、何をかいわんやであろう。こんな社員が取引先やユーザーのところへ行って好感を持たれるはずがない。

わが社で社内結婚を奨励している理由はほかにもある。わが社で勤めた経験があれば、社内事情をよく理解してくれているので、少々帰りが遅くなったとしても、浮気をしているのではないかとか、こんな時間までどこで遊び歩いているのだろうといった、トラブルの元になるような心配もかけなくて済むということである。

かつてわたしが社員を叱りまくっていたときは、こんな効用もあった。少し薬が効きすぎたかなと思ったようなときには、彼の自宅に電話を入れて、わが社の社員だった奥さんに、「今日は、ちょっと怒鳴りすぎてしまった。家に帰ったらたぶん機嫌も悪いと思うし、ひょっとすると辞めるといい出すかも知れない。いつものことで申し訳ないが、よろしく頼む」といえば、これで通じた。

また、こんなエピソードもある。かつて男性社員が結婚すると聞くと、わたしは相手の女性に会わせてほしいと頼み込む。そして、まるで社員の父親のような顔をして初対面の相手に会い、日本電産はこんな会社だから、朝は早いし、夜も何時になるかわからない、忙しいときには徹夜になることだってある。しかも、社長のわたしが社員のことをボロクソに叱ってばかりいる、といった説明をした。

いまは、これと同じことをわたしに代わって幹部社員がやっている。人を動かそうと思えば、ここまで社員にかかわっていかねばならない。たとえば、部下が残業をイヤがってやらないというのは、本人のやる気や意志だけの問題ではなく、家庭内の問題の場合もある。このあたりのことに目をつぶったままで、指令や命令を出してみたところで、人も組織も動くはずがない。

87

エリート集団の落とし穴——先に楽をとるか、後で楽をするか

わが社では、世間でいわれるエリート学生を不採用にしても、いわゆる落ちこぼれや留年した学生を毎年何名か採用していたことがある。もちろん、単に勉強がイヤで、遊び惚《ほう》けていたために落ちこぼれた、あるいは怠けていて単位がとれずに留年したという学生は論外。そうではなく、勉強以外の何かに打ち込んだために成績がよくなかった、あるいは留年したという学生を採用する。はっきりいって学問というのは退屈なものだ。だからこそ、学問に打ち込んだ人物は尊いといった見方もある。しかし、これだけ情報のあふれている現代社会に生きている若者が、学問以外に目を奪われて、そこに情熱を注ぎ込むことがあってもおかしくはない。スポーツでも、アルバイトでも、クラブ活動でもいい。あるいは、一人でリュックを背負ってヒッチハイクをしながら海外を歩き回ったとか、ボランティア活動にのめり込んだというのでもいい。とにかく自分の判断でこれをやりたいという目標を決め、それを行動に移したのであれば、漫然と学校に通ってそこそこの成績で卒業した学生よりも、よほ

ど魅力があるし、磨けば光り輝く可能性があると考えるからだ。

もう一つ理由がある。それは日本の官僚を見てもわかるように、エリートばかりが集まる組織はいったん既成事実ができると、時代が変化してもそれを変革しようとする意欲が乏しく、会社であれば大企業病が蔓延してくる。なぜなら、エリート集団というのは、ほとんど失敗を経験したことのない連中ばかりが集まっているため、何かことが起こったときに自分が矢面に立とうとせず、保身に回ってしまう傾向が強くなるからだ。むしろ落ちこぼれは何度も失敗を経験しているので、逆に打たれ強いし、開き直るすべも知っている。

特に、急成長を遂げている企業は、エリートばかりを集めるのではなく、そのなかに落ちこぼれを入れてバランスをとるという発想が欠かせない。たしかに、エリートばかりを集めるとトップや幹部はしばらくの間は楽ができるかも知れない。だが、いずれ近い将来にこの楽をしたツケが確実に回ってくる。人を育てて動かすのが、経営トップ、管理者の最大の仕事である以上、ここで手抜きをやろうとするようでは、その企業に未来はないと思う。

先に楽をとるか、それとも後で楽をするのをとるか、わたしはいま、いくら苦しんだとしても、楽を将来に残しておく方をとる。ゆえに、わが社ではあえて落ちこぼれや留年組を採用し、中途採用で迎えたエリートの管理者に人を動かす本当のむずかしさを身をもって体験させているのである。

88

落ちこぼれを出さないために共通目標を持たせたグループをつくる

組織とはいっても、所詮は個人の集まりである。数名程度のグループであれば、各人の個性を見極め、個々に対応していくべきである。

定期的にマンツーマンで話し合う機会を設けて、どんなところにやりがいや生きがいを求めているのかを探り出して、それを全面的にサポートしてやるという姿勢を明確に打ち出しておくことが、重要なポイントとなる。

しかし、人数が五〇名、一〇〇名と増えてくれば、個人の発想から組織の発想に転換していく必要がある。

組織の発想、すなわち組織を動かしていくうえで大事なことは、平均値でやろうとすると必ず失敗するということだ。たしかに、平均値のあたりはボリュームゾーンで、このあたりをターゲットにすると組織全体が動きそうだが、現実にはそうはならないのだ。なぜなら平均値よりレベルの高いグループはやる気を失い、レベルの低い何人かは確実に落ちこぼれてしまうだろう。

そうならないようにするためには、まったく別のテーマを二つ与えて、

一．二つとも食らいついてきた
二．どちらか一方だけに食らいついてきた
三．どちらにも食らいついてこなかった

という三グループ（五〇名ぐらいの組織の目安。人数によって二グループや四グループ、それ以上になる場合もある）に最初に分けておいて、各グループごとに対応を変えていくというやり方がある。

たとえば、一のグループには新しいテーマをどんどん与えて組織の牽引役を務めさせる。二のグループには従来からやっていることを見直していったり、改善していくことを主要業務にする。三のグループについてはルーチンワークに専念させるといった具合だ。

ただし少人数でも同じだが、組織を分割してコントロールしていく場合でも、組織全体に共通した目標や目的を掲げ、問題意識や危機意識は常に一本化しておかなければならない。そうしないと個人同士、あるいはグループ間の確執を生むこともあるので注意が必要となる。

後はどれだけ人数が多くなっても、基本的な考え方は同じでよいが、一人一人の考え方の違い、個々に何を一番求めているのかはできるだけ早期につかんでおく必要がある。

89

一度、社風をつくってしまえば、新人も自然と教育される

たしかに、企業の歴史とともに自然にでき上がってくる社風というものもあるが、わたしは、基本的に社風とは創業者、あるいは経営トップのポリシーによってつくり上げていくべきものだと考えている。

このことがどういったことなのか、わかりやすい例をあげてみよう。

わたしが、技術部長に電話をかけて「ちょっと確認したいことがあるので、すぐに来てほしい」と告げたとしよう。これが日本電産の部長であれば、一分もしないうちに廊下を駆ける足音が聞こえ、部屋のドアがノックされる。

だが、M&Aによって傘下に収めて間もない関連会社の技術部長であれば、まずこのようにならない。受話器を置いてから五分経っても一〇分経ってもあらわれない。一五分ほど経過して、業を煮やして再び電話を入れると、「すぐに伺います」とのんびりした返事があり、それからさらに五、六分してやっと当人がやってくる。

後者は、歴史とともに自然にでき上がった社風なのだろう。しかし、前者の場合は明らかに違う。創業からずっと変わらず、できない社員には「会社の最高責任者が呼んでいるのに、なぜ五分もかかるのか。走ってくれれば一分もかからないはずだ」と机を叩き、怒鳴りつけて教育してきた結果できた社風なのだ。

一事が万事こうした調子で、同じように部下に仕事を依頼しても、日本電産の社員なら特に断わらなくても次の日にはでき上がってくる。ところが、グループに入って間もない関連会社では「急いでくれ」と念を押したにもかかわらず、二、三日はかかるといった具合だ。

これも一つ一つを取り上げれば、それほど大きな問題ではないのかも知れない。しかし、ともに社員が数百名ずついて、一年間のトータルで考えると、この差ははかり知れないものになる。人を動かすのは、それほどむずかしいことではない。このような社風をつくってしまえばよいだけだ。上司に呼ばれたときに、周りのみんなが駆け足で駆けつけるのを見れば、新入社員もこれを自然に真似るようになる。経営者、リーダーは部下に動いてほしいように教育して社風をつくっていけばいい。これがリーダーシップである。

ちなみに、先ほどの関連会社の部長連中に確認すると、これまでの経営トップは「社長が呼んでいるのだから走ってこい」などとはいわなかったそうだ。わたしが一度注意した部長は、それ以降走って来るようになった。

90

我流、個人のスタンドプレーを戒めよ

わが社を創業して、創業メンバーであるわたしたち四人が最初にやった仕事が『経営三原則』の策定であったことは先にお話しした。つまり、会社の原理原則を定めたわけだが、その後にわたしがとった行動は、まったく社会の原理原則を無視したものであった。世間知らずにも、いや世間知らずだからできたと思うのだが、わたしはこの『経営三原則』を持ってある銀行を訪れ、支店長に「こういう方針で、こういう会社を設立した。ついては融資をお願いしたい」と直談判に及んだのである。もちろん、色よい返事などもらえるはずがない。

それでもあまりにもしつこく食い下がるものだから、支店長はあきらめさせるために「わたしはお貸ししたいのですが、本店がウンといってくれないんです」と引導をわたす。それを聞いたわたしは、またまた常識外れの行動に出る。なぜ、ウンといってくれないのかを確認するために、その足で本店に向かったのだ。

まさに常道を外れた行動だが、急成長を遂げた先輩経営者に話を伺っても、ベンチャー企業の経営者の書いた本を読んでも、ときとして原理原則を無視した、あるいは自分勝手な思い込みで物事に対処して、恥をかいたというような話はいくつも転がっている。むしろ、そうした無軌道さが急成長の原動力ともなっていることが多い。しかし、これも会社が小さいうちは目をつぶってもらえるかも知れないが、規模が大きくなるのに比例して許されなくなる範疇が拡大し、社内的には組織や仕事を混乱に陥れる要因ともなってくる。要するに、我流では通用しなくなってくるということだ。

世の中には次から次へと新しい企業が誕生している。しかし、その大半は大企業の仲間入りどころか中堅企業にすらなれず、短期間で姿を消してしまう。それは、成長の節目、節目で、その都度行っていかなくてはならない体質改善がうまくできなかったからであろう。

特に急成長した企業は、規模の拡大に伴って脱皮を繰り返すなかで、原理原則、そして社内の規則やルールを見直す。そして、次なるステップとして全員がベクトルを合わせ、総合力によって前進していく企業へと進化させていかねばならない。

総合力というのは、社員一人の力を一とすると、一プラス一が二ではなく、三や四、そして五にしていく、いわば組織の相乗効果であるが、この方程式を崩していくのが我流や個人のスタンドプレーだ。ベンチャー企業のトップが人を動かす場合に留意しておかねばならない重要なポイントである。

91

勝者をより強くするよりも、敗者を勝者にするやり方を！

超精密小型モータの分野で七割以上の世界シェアを占めるなど、社業が順調になると、最近ではいわゆる一流大学の成績優秀な学生、つまり勝者が進んでわが社の門を叩いてくれるようになった。新規採用に踏み切った創業三年目には、たった一人の応募者もなく、その後も数年間は、大手はもちろん中堅、中小企業にさえも断わられたという、いわば出がらしのような学生（敗者）しか集まらなかった。このことを考えると、まさしく隔世の感がある。

昔のわたしは敗者を勝者にするために、叱って叱って、叱りまくるという捨て身の戦法を採ってきた。だが、勝者にはこのやり方は通じない。すなわち、敗者を勝者にするのと、勝者をより強くするのとでは、おのずとやり方が違うということである。

その一番の違いはプライドの問題だ。もちろん敗者にもプライドはあるが、勝者のそれとは比較にはならない。少し極端な言い方をすると、勝者は常に他人には負けたくない、あいつにだけは負けるものかといった気持ちを持ち続けたからこそ勝者になれた。反対に、何かのきっかけでそうした気持ちを失い、怠けることや楽をすることだけを覚え、勝つことを自ら放棄し、負けることにマヒしてしまった人の結果が敗者だ。つまり、敗者はプライドをどこかに置き忘れてきたのである。プライドという面だけから両者を見ると、敗者はそれほどこだわりがないのに対して、勝者のそれは脆くて壊れやすい。それだけに、勝者のプライドを傷つけてしまうと、立ち直るのに時間がかかるし、ほかのいい面までつぶしてしまいかねない。したがって、勝者をより強くするには、敗者よりもプライドを慎重に扱う必要がある。たとえば、敗者なら一〇分で叱るところを勝者なら一時間かける。あるいは、口でガンガン叱るよりも、指摘すべきことは文書にする。その内容も論理的でないとなかなか納得しない。

世間一般の企業、特に大企業は敗者を勝者にするのは手間がかかるし、面倒だと考えているようだが、わたしの考えは正反対だ。むしろ、勝者をより強くする方がやっかいな面が多い。また、「歩」を「と金」にするのと違って、「銀」を「金」にしたところでたかが知れている。倒産しそうな会社を一流にするのにはいろんなやり方があるが、優良企業を超優良企業にするには骨が折れるのと同じ理屈だ。

敗者の集まりを勝者の集まりに変えた集団と、最初から勝者の集まりである集団とでは、イザというときに脆さを露呈するのは果たしてどちらの集団であろうか。わたしは、いまの日本の現状が如実にそれを反映していると思っている。

10章

一回でダメなら、二〇回続けよ

92

ともに笑い、ともに泣ける関係を築いているか

テレビを観ていて感動したシーンがあった。わたしはテレビのドラマでも悲しい場面になれば、自然と涙があふれ出してワアワアと泣いてしまうくらいのめり込んでしまう質《たち》だから感動するのは珍しいことではない。だが、このときは少し中身が違った。

吉本新喜劇の三枚目役の女優がマネージャーと結ばれ、その結婚式が放映されていたのだが、披露宴の席で司会者が主な出席者にインタビューをしていた。花嫁の晴れの日ということもあり、いつもは舞台で「ブス」だとか「エゲツない顔してるなぁ」とボロクソにいっている新喜劇の仲間も、「おめでとうございます」「幸せになってください」といったようにありきたりのコメントを贈っていた。やがて、花嫁の父親に順番が回ってきた。

普通なら、涙で声を詰まらせながら、当たり前のあいさつをする場面だが、このお父さんは真面目な顔をして、次のように言い放った。

「わが娘ながら、見れば見るほどブスですなぁ」

会場は爆笑に包まれ、わたしも思わず吹き出してしまったのだが、同時に「父親と娘の心が通じ合っているから、こんなことを多くの人前でも堂々といえるのだ。このお父さんは理想に近い親子の関係を築いている実にすばらしい人物だ」と感心させられた。

組織のなかの人間関係、上司と部下の関係もこうでなければならないというのが、わたしの考えである。何万人もの社員を抱える超大手企業ならいざ知らず、少なくとも中堅・中小企業では、家庭的な雰囲気やアットホームで人間的な温かみがベースになくては、経営などできるはずがないと思う。

勤務時間内さえきちんと働いてくれれば、後は社員の勝手だと割り切り、プライベートで何をしていようが関心さえ示さない。職場でも、取ってつけたようなお世辞と建前でお茶を濁し、本音で語り合うこともない。このような経営者、管理者に、部下は信頼してついていくことができるのであろうか。

たとえ、口をついて出てくる言葉に多少のトゲはあったとしても腹のなかは真っ白で、嘘偽りがない。だからこそ、お互いにいいたいことがいえ、うれしいことがあったときにはともに喜び、悲しい出来事があれば一緒に泣けるのである。会社や組織というのはこのような集団でなければならない。こうした人間集団をつくるのが経営者、管理者の務めでもあって、これのできないリーダーに人が動かせるはずなどないのである。

93

まず、自分がどういう人間か理解させろ！

経営者なんてソロバン勘定の合わないものだとつくづく思うのは、M&Aで傘下に収めた企業の再建計画を進めているときだ。過去に、第三者割当増資を引き受けて系列化した会社の場合は、累積赤字の額が多かったこともあって、わたしの給与はゼロ。それだけならまだしも、自分で机やイス、ロッカーを持ち込み、手弁当に水筒まで下げてこの会社に通った。

お茶一杯出してもらっても赤字が膨らむと気をつかう一方で、幹部を連れて飲みにいくときはポケットマネー。私利私欲どころか、完全なボランティア活動と割り切らなくてはそう続くものではない。

これは別の系列会社の例だが、納入業者に集まってもらって個別に仕入価格のダウンをお願いしていった。こうした、どちらかといえば誰かに肩代わりしてもらいたいような交渉事、つまりイヤなことほど人任せではなく、先頭に立ってやっていく必要があるなど、文字通り孤軍奮闘の連続でもある。

社長室に座って、ただただ指示や命令を出すだけでは、人も組織も動かない。まず、自分がどういう人間で、どういった目的でやってきたのかを理解してもらわなければ、一切のことがはじまらない。

日本の社会風土のなかでM&Aを成功させようと思えば、これくらいの気持ちが必要となる。損得や名誉などを考えるのであれば、M&Aは勧められないし、日本の会社のオーナー経営者にもなるべきではないというのが、わたしの本音である。

ならばなぜ、自ら望んで会社を創業し、積極的にM&Aを行っているのかといえば、最終的には「人が好き、会社が好き、部下が好きだから」ということになるのだと思う。世間では敗者と評価されているような人の闘争心に火をつけて勝者にしていく。倒れかかった会社の腐りかけた柱を新しくして立派なものに建て直す。自信ややる気を失いかけている部下を叱咤激励して夢と勇気を持たせる。

このように人や会社、そして部下が大変身を遂げ、強く、たくましくなっていく姿を眺めるのが、わたしの最高の喜びであり、生きがいでもあるからだ。もし、人も会社も部下も変わらない、いや変えられないのであれば、いくら物好きなわたしでも、わざわざ火中の栗を拾うような真似はしないだろう。

94

わたしが社員を自宅に呼んで食事をする理由

最近は忙しくてできなくなってしまったが、かつては正月はもとより日曜や祭日になるとよく社員をわが家に呼んだものだ（いまは幹部社員がこれをやっている）。そのなかには、仕事に情熱を燃やせなかったり、遅刻や欠勤が目立つ、あるいは「辞めたい」といってきた連中も多かった。一方で、若手や中堅の社員と信頼関係を築くためのコミュニケーションも頻繁に行っていた。

会社では叱ったり、怒鳴りつけてばかりいたわたしだが、自宅では笑顔でいることが多く、特に食事のときは楽しい話で食卓を盛り上げた。たまに社員を自宅に呼んで叱ったこともあるが、それまでいくら激しく叱っていたとしても食事のときだけは一切イヤな話はしない。

夫婦揃ってわが家にやってくる社員も多かったが、わたしと初対面の社員の奥さんは、たいてい「社長は恐い」とか「いったん雷が落ちたらしばらくの間は手がつけられない」と聞かされている。わたしはそんな素振りも見せないので、帰ってから「どこが恐いの。ニコニコして、いい社長じゃないの」ということになるらしい。

「家内には、『社長のあの笑顔がクセものなんや』とか『社長は二重人格や』と答えておきました」と、わざわざ伝えにきてくれる社員が何人かいた。わたしが社員をわが家に呼ぶ理由はここにある。こうして、自分が奥さんと交わしたプライベートな会話をわざわざ伝えにきてくれる。これが、社長と社員の信頼関係を築いていく第一歩になるからだ。

だが、何か問題を抱えている社員はなかなかこうは行かない。それこそ家の者が「あれだけやったのに」とため息をつくことの方が多かった。何度も何度も自宅に呼んで、朝から晩まで話し合ったにもかかわらず、結局はうまく行かなかったという例は数え切れない。こうした事情をよく知っていた幹部社員のなかには「社長、熱心なことはわかりますが、ほどほどにしておかれたらどうですか」とアドバイスしてくれたこともあった。しかし、わたしは頑固にやり通した。

経営は結果（数字）がすべてだし、ムリ、ムダ、ムラは徹底的に取り除いていかねばならない。だが人は違う。結果だけから成否は判断できないし、人に関するかぎり「ムダ」という言葉はない。

たとえ一〇〇人のうち一人でも変わってくれる可能性があるのなら、その一〇〇人全員にやれることはすべてやってみるというのがわたしの信念である。

95

鍛え直し、上昇志向を植えつけるのがリーダーの仕事

ハングリー精神や大きな夢を持った若者が少なくなっていることは、再三述べてきた。しかし、考えてみれば、昭和一九年、貧しい農家の六人兄弟の末っ子に生まれ、物心がついたころに、ひもじさと、欲しくても買ってもらえないというジレンマをたっぷりと味わったわれわれの世代と、幼いころから欲しいものは何でも与えられ、チヤホヤと甘やかされて育ったという環境に大きな違いがあり、仕方がないとは思う。しかし、わが社に入社した以上は彼らを鍛え直し、上昇志向を植えつけていくのがわたしの仕事である。

「世の中の競争なんて、鼻先三分の差ぐらいでしかない。勝つのはそんなにむずかしいことではない。人よりちょっとだけ努力したらいい」と、彼らを相手にわたしは話をはじめる。さらに、「会社でも個人でも相手の力が少しだけ上なら、時間で勝負すれば勝てる。つまり、相手が夕方の六時まで仕事をしているのなら、こちらは六時半まで、相手が八時までならわれわれは八時半まで働く。そうやってわが社はライバルとの競争に勝ってきた」と続ける。

これは事実である。モータのメーカーとしては後発、人手も、設備も、資金もないところからスタートしたわが社は、ライバルと互角に競争できるのは時間だけ。それなら時間だけでも勝とうと、他社の二倍の時間働くことを実践した。

「できませんとか、無理です、おもしろくない、やりたくないといった否定的な言葉、消極的なフレーズはできるかぎり使わないように心がけるだけで、ユーザーや上司、そして後輩からのウケもよくなって、仕事も人生も拓けてくる」と、わたしの声も一段と大きくなる。

「もう一つ大切なことは、人の心を知ること。自分の立場でしか物事を考えられない人間は、誰ともうまくやっていけないから、何をやっても失敗するのがオチ。後々後悔しないためにも人の心がわかる、人の気持ちを汲み取る訓練をしておく必要がある」

三〇名ほどの若手社員を集めての社内研修会の様子を再現してみたが、いまの若い人にハングリー精神を植えつけたり、人の立場で物事を考えていく習慣を身につけさせることは本当にむずかしい。気が遠くなりそうなぐらい道のりは長い。

「成功するかしないかは、結局は自分に克てるかどうかで決まる。もうこれでいいとか、明日があると思った途端に土俵の外に押し出されてしまう。勝負というのはこんなものだ」と若手社員に訴えつつ、わたし自身にも同じことをいい聞かせる。一回では通じなくても、一〇回やれば……一〇回でダメなら二〇回やるというのが、わたしの信念であり執念でもある。

96

世間の常識に押し流されるな

世間の常識にとらわれていては、会社の経営はできないというのが実感である。よく耳にするのが、価格破壊で売値が下がったために利益が大幅に落ち込んだといった声だ。だが、わたしはそうは思わない。価格が下がれば、当然競争相手が減る。競争相手が減ると確実に利益は大きくなる。

こうした例はいくらでもある。たとえば、わが社が新卒者の採用試験で昼食を早く食べた順に合否を決めたり、トイレの掃除をさせて採用したとき、世間からは何と非常識な会社だと後ろ指を差された。もし、あのときにわたしの信念が揺らぎ、世間の常識に押し流されてしまっていたなら、恐らく現在の日本電産はなかったであろう。当時を知っている社員とたまにこんな話題で盛り上がることもあるが、世間の常識に真っ向から対峙し、信念を貫き通した結果が「吉」と出るたびに彼らとの絆は確実に深まっていく。信念なき経営、世間の誤った常識にまどわされるような経営者のもとから、人は離れていくのだと思う。

97 煙たがられるのを承知で下積みの苦労をさせろ！

先憂後楽《せんゆうこうらく》という言葉がある。困難や苦しみを前もって味わっておけばおくほど、後の楽しみは大きくなるという意味だが、会社や仕事、人生にもそっくり当てはまる。要するに、人間の一生の収支はプラスマイナスゼロ。先に楽をすれば後々苦労をすることになるし、先に苦労をしておけば、後でそれほど苦労をしなくても済む。この理屈がわかっている経営者、管理者ほど、部下には厳しくなってしまう。また、部下に対する期待が大きければ大きいほど、ハードルを高くして、より一層厳しいものを求めるはずである。

たとえば新入社員。彼らが学生時代に学んだことだけを武器に、社会で戦わせることはできない。礼儀作法、ルールの厳守やケジメ、あいさつの仕方にはじまり、社内にいるときにはその新入社員の一挙手一投足、書類やレポートの一字一句にまで細かく注意を与える。最初は嫌がられるし、煙たがられるのは承知のうえで手を抜くことはない。このような熱意はいずれ通じるときが必ずやってくる。そこへ到達してはじめて、人が動いてくれるのである。

98

人に嫌われたくないという本能を捨てろ!

父の墓参りからの帰り、久しぶりに親戚一同が集まって一緒に昼ご飯を食べたときのことである。

当時九五歳だった母の横に七〇歳の長兄が座り、わたしの席はその前だった。みんなでワイワイいいながら、楽しく食事をしていたのだが、そのとき「漬物だけはやめとけ」という兄の鋭い声がした。

見ると、兄は母のハシを持つ手を握って、その先にあるタクアンを元の皿に戻させようとしている。このとき、わたしの脳裏に一瞬よぎったのは、血圧の高い母親に「漬物を食べるな」と手を押さえるのと、好物なのだからと見て見ない振りをするのとどちらが本当の愛情なのか、ということだった。

答えはすぐに出た。わたしは、いつも兄と同じ気持ちで社員に接してきたではないか。何をいまさら考える必要があるのか、と。

他人がこの光景を見れば、好物の漬物の一切れや二切れ食べさせてやればと、恐らく思うだろう。しかし、母親に一日でも長生きしてもらいたいと考えている子供の立場になれば、手を押さえてでも止める。これが本当の愛情であろう。

人を育てるのは相当に骨が折れる。しかし、人をつぶすことは簡単にできる。

以前に「褒め殺し」という言葉がマスコミで使われたことがあった。辞書を引いてもこんな言葉は見つからないが、わたしはいい得て妙だと感心させられてしまった。部下でも、上司でも、わが子であっても、人をダメにするのは実に簡単だ。相手を徹底的に甘やかせばよいのである。

上司が相手なら、指令や命令には「ハイハイ」と従順に従い、とことんおだて上げてゴマをする。何人かの部下が結託してこれをやると、一年経つか経たないうちに九〇パーセントの上司はダメになってしまう。周囲にイエスマンばかりを集めた経営者が会社をつぶしたというような話は、それこそ世間には腐るほどある。

「厳しさのなかにこそ、より深い愛情がある」

こうした理屈は頭では理解できても、実行に移すとなると勇気がいる。人間は誰もが人に嫌われたくないという本能を持っているからだ。その本能に打ち勝って、まず自分に厳しく、そして部下も厳しく鍛え上げることができる人間こそが真のリーダーになれると思う。

99

二流から一流へのしあがるためのリーダー学

日本電産はわたしを含め四名で一九七三年七月に創業した。それから四〇数年、いまでは海外や関連会社まで合わせると従業員は約一一万名で、幹部社員も年々増え続けている。ただし、わが社が新卒の定期採用をスタートさせたのは創業三年後の七六年度からで、現在の幹部社員の比率はプロパーよりも中途採用組が圧倒的に多い。中途採用組の大半は大企業の出身だが、一人一人は非常に優秀で、能力も高い。しかし、部下を動かしたり、組織をコントロールしていくための訓練はほとんど受けていない、というのがわたしの実感である。

その決定打が前の会社で、ほとんど上司から叱られたり、部下を叱った経験がないということだ。そして、世間に広く流布されている「人は褒めて動かせ」という環境のなかで育ってきたせいか、叱ったり、叱られることに対して過敏すぎる反応を示す。

一例をあげると、中途採用で入社早々にしかるべきポストに就いたような人物は、わたしが大勢の部下のいる前でその上司を大声で叱りつけている現場を見ると、まるで別世界の出来事でも見ているかのような硬直した表情となり、焦点の定まらない目つきで、しばらくの間、茫然と立ち尽くしていることがある。たしかに、前の会社はエリート集団で上司が叱ったり、強く注意をしなくても部下は自分のやるべきことをきちんと把握し、失敗やミスをしても上司から指摘される前に改め、責任もとれたのかも知れない。

だが、いくら一人一人が優秀であったとしても、緊張感や危機感のない組織はやがて自滅への道を進むことになるのは歴史の必然で、ここに例外は存在しない。ましてや、わが社はエリートの集団ではない。社歴が浅いうえに、いまより規模も小さく、知名度もまったくなかったころは、世間で一流、二流と評価されるような人材を採用したくてもできなかった。エリートどころか将棋でいえば「歩」の集まりで、前にしか進めない「歩」を、わたしは叱って叱って叱り抜くことによって、横にも後ろにも、そして斜めにも自在に動ける「と金」に変えてきた。そうしなければ、国内はおろか世界中のライバルと競争しても絶対に勝てないと考えたからだ。だから、わが社の幹部社員は前の会社がどうであったかに関係なく、組織を自在にコントロールしていくためにも、「歩」を何としてでも「と金」にするという強い意志を持ってもらわなくてはならない。上司が甘くなれば、部下にも必ず甘えが出てくる。こうなれば組織はもちろん、たった一人の部下さえも動かせない。愛情に裏打ちされた厳しさがなければ、強いリーダーシップを発揮することなどできるはずがないのである。

100

夢やロマンを持つことは未来を買うこと
——部下の未来を「買う」ことができるか

わたしは学生時代に、三五歳で独立するという目標を立てた。なぜ三五歳かというと大学卒業後の一二、三年を独立するための修業の期間と考えたからだ。この間に三、四社の会社を、三、四年ずつ経験する。そうすると三五歳ぐらいになる。そして、ただ目標を掲げただけではなく、大学のときの後輩やサラリーマン時代の部下を教育し、独立準備も怠りなく進めてきたつもりであった。

しかし、それは大きくアテが外れた。わたしは少なくとも三〇名ぐらいはついてきてくれるだろうと思っていたが、いざ、独立となると結局ついてきてくれたのは三名、わたしを入れても四名だった。このときわたしが痛感したのは、将来に対する保証が何もなければ、人は動かないということであった。

勤めていた会社を退職する直前に、「近く独立するつもりだ」と部下に告げると、「永守さんが独立するのなら、ぜひ連れていってほしい」「いくらでも手伝いたい」と目を輝かせていた連中が、誰一人として来ないのである。それは無理もないことであった。たとえ、当時の部下がわたしのことを非常に信頼してくれていたと仮定しても、給料がきちんと支払われる保証はない。一〇年先どころか、一年先、半年先のことさえわからないというのであれば、ついていきようもない。

目標よりも七年早く二八歳で創業。周囲の猛反対を押し切って独立したために、誰一人力を貸してくれる者はいない。仕事もとれないし、用意したわずかな資金もすぐに底をついてしまった。それでも、われわれ四人は夢、そしてロマンを失わなかった。そのうち日本電産を日本一、いや世界一の会社にしてやるんだと……。

わたしは当時から夢やロマンを持つことは、「未来を買うこと」だと思い続けてきた。だが、これはいくら大金を積んだところで売ってくれる人はいない。自らの「情熱」「熱意」「執念」でしか手に入れることはできない。しかし、「情熱」「熱意」「執念」さえあれば、確実に手に入ると、わたしは固く信じている。

わたしは命あるかぎり、日本電産の最前線で仕事を続けたいと思っている。それはわが社の若い社員たちの夢やロマンの実現を、一つでも多く見守りたいからである。

〈了〉

本書は、一九九八年に小社より刊行された本を改筆・再編集したものです。

「人《ひと》を動《うご》かす人《ひと》」になれ！

著　者――永守重信（ながもり・しげのぶ）
発行者――押鐘太陽
発行所――株式会社三笠書房
〒102-0072 東京都千代田区飯田橋3-3-1
電話：(03)5226-5734（営業部）
：(03)5226-5731（編集部）
http://www.mikasashobo.co.jp
印　刷――誠宏印刷
製　本――若林製本工場
編集責任者　本田裕子
ISBN978-4-8379-2790-7 C0030
© Shigenobu Nagamori, Printed in Japan
＊本書のコピー、スキャン、デジタル化等の無断複製は著作権法上での例外を除き禁じられています。本書を代行業者等の第三者に依頼してスキャンやデジタル化することは、たとえ個人や家庭内での利用であっても著作権法上認められておりません。
＊落丁・乱丁本は当社営業部宛にお送りください。お取替えいたします。
＊定価・発行日はカバーに表示してあります。

三笠書房

働き方

「なぜ働くのか」「いかに働くのか」

稲盛和夫

◎成功に至るための「実学」
――「最高の働き方」とは？

・昨日より「一歩だけ前へ出る」
・感性的な悩みをしない
・「渦の中心」で仕事をする
・願望を「潜在意識」に浸透させる
・仕事に「恋をする」
・能力を未来進行形で考える
・ど真剣に働く――「人生を好転させる」法
・誰にも負けない努力は、自然の摂理

君は、どう生きるのか

心の持ち方で人生は変えられる

富士フイルムホールディングス
代表取締役会長兼CEO
古森重隆

◎富士フイルムをV字回復させた、世界が認めるカリスマ経営者の原点！

・あらゆる場面が自己改革の宝庫
・「自分の頭で考え抜く」ことなしに成長はない
・〝氷山の一角〟から〝氷山全体〟をイメージする力
・サラリーマン人生には三回のチャンスがある
・一冊の本との出合いが、人生を変える
・伸び悩んでいる人が変わるきっかけ
・成功者はみな〝腹のくくりどころ〟を知っている
・うまく〝遊び〟ながら自分を伸ばせ
……etc.

T20067

三笠書房

できる人は必ず持っている 一流の気くばり力

安田 正

「ちょっとしたこと」が、「圧倒的な差」になっていく！

気くばりは、相手にも自分にも「大きなメリット」を生み出す！ ◆求められている「一歩先」を「即・送信」 ◆話した内容を次に活かす ◆お礼こそいことの上手な伝え方 ◆「ねぎらいの気持ち」を定期的に示す ……気の利く人は、必ず仕事のできる人！

最高のリーダーは、チームの仕事をシンプルにする

阿比留眞二

花王で開発され、著者が独自の改良を重ねた「課題解決メソッド」！

◆会社の「問題」と、自分の「課題」を混同するな
◆チームの仕事を「絞り込む」のが、リーダーの役目
◆「優先順位」だけでなく「劣後順位」も明確に決める
◆会議、段取り、情報共有…生産的な「職場のルール」
◆5タイプ別「シンプルかつ効果的な部下指導法」他

「気の使い方」がうまい人

相手の心理を読む「絶対ルール」

山﨑武也

なぜか好かれる人、なぜか嫌われる人
――その「違い」に気づいていますか？

「ちょっとしたこと」で驚くほど人間関係は変わる！ ◆必ず打ちとける「目線の魔術」 ◆相手に「さわやかな印象」を与えるこのしぐさ ◆人を待たせるとき、相手の〝イライラ〟を和らげる法…など誰からも気がきくといわれる話し方、聞き方、接し方のコツを101紹介。

T30312

三笠書房

武士道

新渡戸稲造【著】
奈良本辰也【訳・解説】

人間の品格と強靱な精神力
「日本人の骨格」をつくってきた名著

武士道の光り輝く最高の支柱である「義」、人の上に立つための「仁」、試練に耐えるための「名誉」――本書は、強靱な精神力を生んだ武士道の本質を見事に解き明かしている。英文で書かれ、欧米人に大反響を巻き起こした名著を、奈良本辰也が平易な文体で新訳。

自分の時間
1日24時間でどう生きるか

アーノルド・ベネット【著】
渡部昇一【訳・解説】

イギリスを代表する作家による、時間活用術の名著
朝目覚める。するとあなたの財布には、まっさらな24時間がぎっしりと詰まっている――

◆仕事以外の時間の過ごし方が、人生の明暗を分ける ◆1週間を6日として計画せよ ◆習慣を変えるには、小さな一歩から ◆週3回、夜90分は自己啓発のために充てよ ◆計画に縛られすぎるな……

自分を鍛える!
「知的トレーニング」生活の方法

ジョン・トッド【著】
渡部昇一【訳・解説】

全米大ベストセラー「充実人生」を約束する名著!
頭の鍛え方、本の読み方、剛健な心身づくり……
具体的知恵が満載の、読むと必ず「得をする」1冊

◆〝いい習慣〟をつくれば、疲れないで生きられる!
◆集中力・記憶力が格段にアップする「短期決戦」法
◆1冊の本を120パーセント活用し吸収する方法
◆スケジュールの立て方は〝箱に物を詰め込む要領〟で

T30308